民与生

王军 著

社会保障是民生工作的重中之重，我国『十二五』时期将更加注重保障和改善民生。公共财政支持社会保障的基本思路是：保基本、广覆盖、重统筹、多层次，建机制、顺体制、严管理、可持续。无论过去、现在还是将来，财政工作者都把支持社会保障事业改革与发展，作为自己的职责和荣誉。

人民出版社

写在前面的话

这是几篇讲稿，本想讲完就算了。但回头一看，四篇稿子谈的都是社会保障方面的问题，是对《病与医》和《险与保》的深化与拓展，又考虑到目前是"十一五"收官、"十二五"开局的总结展望之时，故结集。

十年来，特别是"十一五"期间，我国建立了社会保障的基本制度体系，走出了一条具有鲜明中国特色并具越来越大国际影响力的社会保障发展之路，这在世界社会保障史上是不多见的。尤其是相比较而言，我国是在经济发展水平不高、低收入者占比较大、财政汲取能力较低、人口老龄化发展较快等情形下做到的，则更是没有先例。

中国共产党十七届五中全会提出："十二五"时期要更加注重保障和改善民生，为全面建成小康社会打下具有决定性意义的基础。社会保障是民生工作的重中之重。在书中，我对"十二五"时期财政支持社会保障制度建设的基本思路进行了探讨，提出"保基本、广覆盖、重统筹、多层次、建机制、顺体制、严管理、

可持续"的二十四字原则，并对医药卫生体制改革、促进就业、农村社会保障体系建设等提出了自己的意见和建议。或许，会为研究制定"十二五"社保建设的具体规划提供一些参考吧！

2010年6月我在国家行政学院举办的省部级农村社保专题研讨班上曾经说过："一点也不夸张地讲，我们都是农民的后代；一点也不过分地说，农民种的粮食和所做的贡献在我们成长的过程中起到了至关重要的作用。我们这代人对农民、农村、农业怀有深深的情感。因此，让我们以感恩之心、以尽责之份、以奉献之情、以荣誉之感，共同努力，把社会保障特别是农村社会保障工作做得更好，支持得更好，让和谐社会之花遍地开放。"

尽心尽力地保障和改善民生，是财政工作者的职责，也是荣誉！

王 军

2011 年 2 月

Contents

目录

发挥好财政职能作用
促进好社保事业发展[①]

　　中共中央《关于制定国民经济和社会发展第十二个五年规划的建议》提出，要更加注重保障和改善民生。认真贯彻落实这一要求，尽心尽力支持社保工作加快发展，需要各级财政部门全面总结"十一五"时期财政社保工作，深入分析"十二五"时期财政社保工作面临的新形势和新任务，研究明晰下一步财政支持社保改革与发展、加快民生建设的基本思路。

一、"十一五"时期财政社会保障工作成绩巨大

　　"十一五"时期是我国经济社会发展进程中非常重要的阶段。

在党中央、国务院的正确领导下，各地区、各部门坚定不移地推进改革开放，积极发挥市场配置资源的基础性作用，不断加强和改善宏观调控，妥

善应对国际金融危机的严重冲击，成功抗击汶川特大地震等重大自然灾害，保持了经济社会平稳较快发展。预计2010年我国国内生产总值（GDP，以下2010年数据除另有说明外皆为预计数）比2005年的18.5万亿元翻一番，有望跃居世界第二位。"十一五"时期，我国GDP按不变价格计算，年均递增9%以上，占世界GDP的比重由5%增长到8%左右。特别是2008年下半年以来，面对美国次贷危机引发的国际金融危机，党中央、国务院审时度势、果断决策，实施积极的财政政策和适度宽松的货币政策，不断丰富完善应对国际金融危机的一揽子计划和政策措施，在全球率先实现经济回升向好。据有关专家测算，2009年我国对世界经济增长的贡献达到50%左右，成为世界经济触底反弹的主要推动力量之一。"十一五"时期，全国财政收入预计实现294000亿元，年均增长约18.5%，财政收入占GDP的比重从2005年的17%提高到2010年的21%左右。五年来，我国工业化、城镇化、市场化、国际化进程明显加快，社会生产力、综合国力和人民生活水平跃上新台阶，城乡面貌发生了很大变化。可以说，我们已经站在一个新的历史起点上。

在经济和财政实力不断壮大的同时，各项民生建设得到快速发展。"十一五"时期，按照构建社会主义和谐社会的要求，以基本公共服务均等化为价值取向，逐年大幅增加财政投入，努力推动体制机制创新，民生新政频频出台，惠民力度不断加大，各项民生事业发展都取得了历史性突破。五年间，社会保障制度建设每年都有大举措和大收获：2006年，统筹推进规范津补贴与提高企业退休人员等社会保障对象待遇调整工作，并明确了今后几年的调标政策，妥善平衡了相关群体的利益，初步形成了社保对象分享发展成果的机制；2007 年，积极完善政策，妥善解决企业军转干部、自谋职业转业干部、部分参战退役人员、参加核试验退役人员等涉军群体的合理诉求，进一步保障其基本生活，有效维护了社会稳定；2008 年，急灾区之所急，想灾区之所想，为夺取抗击汶川特大地震等罕见自然灾害的巨大胜利提供有力保障；2009 年，多管齐下，充分发挥社会保障制度拉动消费、扩大内需的作用，有效化解国际金融危机冲击；2010 年，面对新世纪以来最为复杂的经济局面，进一步推进医改、农村养老制度改革，建立与物价挂钩的确保低收入群体基本生活不受通胀影响的应对机制等方面，都取得新的成绩。社会保障事业在"十一五"时期为我国经济社会发展做出了突出贡献。

（一）制度体系基本健全

"十一五"时期，社会保障制度体系逐步健全（详见附表 1-1、附表 1-2、附表 1-3）。与"十五"时期相比，重大进展主要体现在以下几方面：第一，无论养老、医疗、还是就业、住房，各类基本需求都有了更加系统的制度化保障机制，为实现党的十七大提出的"老有所养、病有所医、劳有所得、住有所居"等民生建设目标提供了制度保障。第二，无论城镇人口还是农村人口，无论低收入者还是其他社会成员，各类群体的基本保障需求都因制度体系的完善而得到进一步的满足。比如，针对城镇居民建立了城镇居民基本医疗保险制度、城市医疗救助制度、廉租住房和公

租住房保障制度等；针对农村居民建立了农村低保、新农保、农村危房改造等制度。第三，无论是社会保险制度，还是社会救助制度乃至社会福利制度，各种保障制度的内容都得到进一步发展和丰富。例如在社会福利方面，我们出台了重度精神、智力残疾人托养，贫困儿童抢救性康复，残疾人机动车用油补贴等一系列针对残疾人、孤儿等特殊群体的福利政策。第四，多层次的社会保障体系也在快速发展。企业年金和企业补充医疗保险有了较快的发展，商业保险的保障职能明显增强，商业保险公司经办社会保障业务取得新进展。汶川地震、玉树地震等特大自然灾害极大激发了举国上下的爱心和慈善热情，推动我国慈善事业发展进入新的历史阶段。第五，化解社会保障历史遗留问题取得明显进展。妥善解决关闭破产国有企业退休人员参加基本医疗保险、国有企业下岗职工生活保障向失业保险并轨遗留的经济补偿金和社会保险费等历史遗留问题。研究制定相关政策，妥善解决部分企业军转干部和军队复员退伍军人等涉军人员在基本生活、医疗和住房方面的困难。大力推进各类棚户区改造。同时，对未参保集体企业退休人员等的养老保障以及将"老工伤"人员纳入工伤保险社会统筹等进行了认真研究，初步形成了解决问题的基本思路。

可以说，经过"十一五"时期的不懈努力，覆盖城乡的社会保障制度体系框架已基本健全，在有效化解社会成员的基本生存和发展风险，不断改善城乡居民的生活水平，促进经济健康快速发展方面发挥了巨大的作用。

（二）扩面工作成效显著

随着社会保障制度体系的不断健全，制度覆盖面从就业人员扩大到非就业人员，从城市居民扩展到农村居民，越来越多的城乡居民被纳入到社会保障制度覆盖范围（详见附表1-4）。具体来讲，一是社会保险覆盖人群大幅增长。企业职工基本养老保险、城镇职工基本医疗保险、失业保险、工伤保险、生育保险参保人数2005年分别为1.57亿人、1.3亿人、1.06亿人、0.81亿人和0.52亿人，预计2010年年底将分别达到2.31亿人、2.1亿人、1.3亿人、1.51亿人和1.15亿人，比2005年分别增长47.12%、61.43%、22.27%、87.21%和119.57%。新农保从2009年年底开始试点，当年参保人数达3326万人，2010年试点范围将扩大到全国23%的县（市、区、旗），如果加上各地自行推进的试点，估计将达到40%左右，参保人数预计将达到1亿多人。全国享有基本医疗保障的人数超过12亿人（包括城镇职工2.19亿人、城镇居民1.85亿人和新农合8.34亿人），是2005年的4倍，基本实现了全民医保。二是社会救助对象逐年增加。2010年6月全国城市低保对象为2305万人，比2005年的2234万人增加71万人。农村低保制度从无到有，2010年6月农村低保对象达到5007万人。五保供养对象从2005年的328万人增加到2010年的560万人，增长71%。三是城镇新增就业稳中有升。2006—2010年，全国累计实现城镇新增就业5823万人，其中帮助就业困难人员再就业777万人。每年转移农村劳动力超过900万人，城镇登记失业率均控制在 4.3% 以内。

（三）待遇水平大幅提高

"十一五"时期，各项社会保障待遇水平不断提高，广大社会保障对象对经济发展成果的分享超过以往任何时期（详见附表1-5）。具体来讲，一是连年提高基本养老金标准。企业退休人员基本养老金标准连年大幅提高，月均标准由 2005 年的 711 元提高到 2010 年的 1350 元，将近翻了一番，平均每年增长 13.41%，相当于同期城镇在岗职工平均工资增长率（16.22%）的 82.7%。二是大幅提高医疗保障水平。新农合人均筹资标准由 2005 年的人均 30 元，提高到 2010 年的人均 150 元，5 年间提高到原来的 5 倍，新农合财政补助标准同期由 20 元提高到 120 元，提高到原来的 6 倍。居民医保人均筹资标准也由 2007 年的人均不低于50 元提高到 2010 年的不低于 150 元，3 年间提高到原来的 3 倍。2010 年，城镇职工医保、城镇居民医保和新农合政策范围内住院费用补偿比例将达到 72%、60% 和 60% 以上，最高支付限额分别提高到当地职工年平均工资、城镇居民可支配收入和全国农民人均纯收入的 6 倍以上，其中新农合补偿比例比 2005 年翻了一番，城乡居民受益水平明显提高。三是多次提高低收入者生活保障标准。全国城乡低保平均补助标准分别由 2005 年的每月 72元和 2007 年的 39 元提高到 2010 年 11 月底的 168 元和 62 元，年均增长 18.47% 和 16.71%。其中，2008 年一年内就三次提高了城乡低保补助水平。为改善城乡困难群众基本生活，拉动低收入群体消费需求，2009 年春节前，中央财政还向包括城乡低保对象等在内的 7570 万社会保障对象发放一次性生活补贴 90.67 亿元。农村五保供养标准由 2005 年的每人每年 1064 元，提高到 2010 年的 2582 元，翻了一番多，年均增长 20.49%。四是优抚保障水平明显提高。优抚对象残疾抚恤金标准在"十一五"时期增长了 156%，年均增长 20.7%。比如，一级因战残疾军人的抚恤金标准由 2005 年的 11200 元提高到 2010 年的 28690 元。以上几个项目标准的年均增幅，均大大高于同期 CPI3.29% 的增幅，显著高于同期 GDP 的增长速度，全部高于居民可支配收入、农民人均纯收入的增幅，绝大多数高于城镇在岗职工平均工资增幅。

（四）应急工作迅速有力

"十一五"时期，社会保障工作面临的急、难、险、重问题比以往任何一个时期都多，经受的考验比以往任何一个时期都大。我们没有被重重危难吓住，没有被接踵而至的应急任务压垮，而是以大无畏的勇气、饱满的热情投入到一场又一场应对突发事件的战斗中，努力健全工作机制和工作流程，及时制定和合理提高应急保障标准，不断拓展财政保障范围，取得了一次又一次的胜利（详见附表 1-6）。具体来讲，一是有效应对各类特大自然灾害。按照"急事急办、特事特办"的原则，深入研究应对各种灾害的财政政策，适时调整自然灾害生活救助项目和中央补助标准，及时拨付救灾、救治和防疫等各项资金，夺取了抗击

"5·12"汶川特大地震、青海玉树地震、甘肃舟曲山洪泥石流灾害、南方部分地区低温雨雪冰冻灾害、区域性寒潮冰雪灾害、极端暴雨洪涝灾害、阶段性严重干旱、局地性强风暴、高频次登陆台风等重大自然灾害的胜利。对汶川地震和玉树地震等特大自然灾害受灾群众采取了包括临时生活救助、后续生活救助、重建住房补助、遇难人员家庭补贴、提高低保补助水平、伤病人员免费救治等一系列政策措施，为受灾群众尽快恢复生产生活秩序发挥了重要作用。二是妥善处理突发公共卫生事件。积极应对婴幼儿奶粉事件、甲型 H1N1 流感、手足口病等。在处理婴幼儿奶粉事件中，不仅支持各地对两千多万婴幼儿进行免费筛查，开展免费救治，还出台了一系列扶持奶农和奶业发展的政策措施，并探索出了一套应对大规模突发公共卫生事件的工作机制。在应对甲型 H1N1 流感过程中，出台了免费接种疫苗政策，并明确了妥善解决医疗救治费用等政策。各级财政积极安排资金支持疫苗购置、疫情监测以及救治能力建设。三是全力做好涉军群体维稳工作。配合有关部门研究出台了提高优抚对象抚恤补助标准（见附表1-5）、给予部分参加作战和特种试验军队退役人员生活补助、完善优抚对象医疗保障以及部分军队退役人员再就业、住房、社会保险接续等多个政策文件，切实保障了优抚对象和复员退伍军人的基本稳定，促进了社会和谐发展。四是积极参与应对国际金融危机的冲击。针对国际金融危机对我国造成的冲击，牢牢把握经济周期变化情况，及时调整就业和社会保障政策，出台了"五缓四降三补贴两协商一开口"（"五缓"即允许困难企业在一定期限内缓缴五项社会保险费；"四降"即阶段性降低基本医疗、失业、工伤、生育四项社会保险费率；"三补贴"即使用失业保险基金支付社会保险补贴和岗位补贴，就业专项资金对困难企业开展在岗培训给予补贴；"两协商"即鼓励和引导职工与企业依法平等协商采取多种措施共渡难关；"一开口"即允许就业专项资金对困难企业开展在岗培训给予补贴）、特别职业培训计划、引导农民工和高校毕业生就业、发放一次性生活补助等政策措施。

（五）资金规模成倍增加

一是财政投入大幅增加。"十一五"时期，各级财政部门在安排预算时，将社会保障作为改善民生、拉动内需的重点予以倾斜，社会保障支出大幅增加（详见附表7）。2006—2010年，全国财政社会保障支出累计34126亿元（含住房保障支出，2006—2009年为决算数，2010年为预算数），相当于"十五"时期14361亿元的2.38倍，年均增长20.4%，高于同期财政支出18.6%的年均增长速度（如包括通过赤字融资安排的支出，增速为20.3%）。其中，全国财政用于民政事业的支出9000多亿元，年均增长超过30%。中央财政用于民政事业的支出约4700亿元，相当于"十五"时期的4.7倍。中央财政对保障性安居工程的补助力度逐年大幅增加，2007—2010年分别为51亿元、184亿元、551亿元和761亿元。"十一五"时期，全国财政医疗卫生支出14500亿元，相当于"十五"时期3874亿元的3.74倍，年均增长35.4%，更是大大高于同期财政支出的年均增长速度。其中，中央财政用于医疗卫生的支出由"十五"时期的296亿元增加到"十一五"时期的 4292 亿元，增长了 13.5 倍，年均增长 78.11%。二是社保基金收支规模快速增长。2006—2010 年，全国企业职工基本养老保险基金、城镇职工基本医疗保险基金和失业保险基金等三项基金收入年均递增分别为 20.67%、25.37% 和 11.45%，三项基金支出年均递增分别为 21.84%、29.15% 和 21.67%，2010 年年底累计结余分别达 14107 亿元、4705 亿元和 1712 亿元，基金抗风险能力明显增强。此外，全国社会保障基金作为应对人口老龄化等风险的中央财政战略储备，基金规模逐年明显壮大，2010 年年底预计超过 8500 亿元。

（六）管理水平明显提高

在社会保障资金收支规模急剧扩大的同时，各级财政部门按照科学化、精细化管理的要求，不断提高财政管理水平，财政管理监督工作取得重大突破。一是开始试编社会保险基金预算。国务院决定从 2010 年起在全国建立社会保险基金预算制度，这是社会保险基金自 10 多年前实行收支两条线、财政专户管理以来又一具有划时代意义的重大制度创新和管理创新，也是健全政府预算体系的重大举措，标志着社会保险基金管理进入新的历史阶段，将对健全社会保险基金管理体制，规范社会保险基金收支预算管理和监督，明确政府投入责任，提高社会保险基金的规范性、安全性和有效性，促进社会保险制度的长期可持续发展起到积极的作用。二是大力开展政府购买服务工作。为进一步提高社会保障和医疗卫生资金使用效益，促进体制机制转变，我们克服阻力，大力开展政府购买服务工作，变"养人办事"为"办事养人"，推动政府投入的重点从供方向需方倾斜。从 2007 年起，中央财政每年拿出一定资金在社区卫生领域推行购买服务，对工作开展较好的地区予以奖励。同时，与世界银行等机构密切合作，通过举办研讨会、出版相关书籍等方式，加强新闻宣传，使购买服务的理念入脑、入心。目前，社会保障和医疗卫生领域的购买服务工作进展顺利，并产生了巨大的示范作用，购买服务已呈星火燎原之势，在许多地区推行，辽宁铁岭、山东潍坊、河南焦作、黑龙江鸡西以及天津等地均取得了很好的经验。三是进一步健全相关财务管理制度。制定出台了就业资金、城镇居民医保基金、城市医疗救助基金、农村低保资金、救灾资金、残疾人事业发展资金和卫生事业补助资金管理办法和新农合基金财务会计制度；积极推进政府采购、国库集中支付及重大财政社保支出项目绩效考评，提高财政资金的使用效益；创新资金分配方法，采取以奖代补的方式，推动基层医疗卫生机构实行基本药物制度；切实加强对廉租住房和公租住房租金的收支两条线管理。四是政策研究不断取得新成绩。"十一五"时期，我们注重加强战略性、前瞻性政策研究工作，先后开展了社会保障预算制度、中央和地方社保事权和支出责任划分、社会保障支出水平国际比较、低增长条件下财政支持社会保障事业发展的对策、城乡低保标准动态调整机制、城乡医疗保障政策衔接、医药卫生体制改革国际比较等重大课题的研究工作，积极为社会保障事业的改革和发展建言献策。同时，积极参与社会保障法制建设，配合相关部门做好《社会保险法》、《社会救助法》、《慈善法》的起草工作，研究修

订《失业保险条例》、《城市居民最低生活保障条例》，为进一步深化社会保障体制改革奠定法律基础。

另外，过去的五年，也是财政社保队伍不断壮大的五年，是工作作风不断改进和业务素质不断提升的五年。各级财政社保干部牢固树立"为国理财、为民服务"的工作宗旨，继续保持艰苦奋斗和密切联系群众的优良作风，坚持"权为民所用、情为民所系、利为民所谋"，扎实做好各项财政社保工作。积极推进财政社保文化建设，主动开展了"奉献在社保"、"真情筑社保"主题活动，在全系统引起了强烈反响和共鸣，并按照部党组统一部署积极开展创先争优、薪火相传活动，进一步增强了队伍凝聚力。过去五年中，财政部社保司党支部多次被评为财政部先进基层党组织，荣获中央国家机关抗震救灾先进基层党组织，有的同志被授予中央国家机关抗震救灾优秀共产党员的荣誉称号。地方财政社保系统也是英模辈出，比如，北京市财政局社保处被评为全国财政系统先进集体，北京、吉林的两位同志荣获省级"十佳"公务员称号，陕西省财政厅社保处2010年获得了省直机关部门中唯一的"青年文明号"光荣称号等等。过去五年中，社会保障司先后晋升了7位司局级干部，有9位同志升任正处长，干部交流步伐加快，干部队伍面貌焕然一新。社保司内设处室由6个增加到9个，编制由34人增加到45人。地方财政社保队伍建设也取得了很大成绩，全国财政社会保障队伍由"十五"期末的9200余人壮大到目前的11000人左右，全国有20名财政社保处长走上了厅局级领导岗位，一批新生力量充实到财政社保战线，干部队伍的政治素养和业务水平、工作能力等明显增强。

在看到成绩的同时，我们也要清醒地认识到，仍有一些问题和矛盾有待研究和解决：社会保障制度模式、统筹层次、管理体制等没有完全定型，制度"碎片化"现象突出，财务可持续性不够强；不同社会保障政策之间，社会保障政策与其他经济社会政策之间衔接配套有待加强，不利于提高社会保障制度运行效率，容易引发不同群体之间的矛盾；城乡社会保障发展差距较大；政府间社会保障事权、支出责任划分不够明确，不利于充分调动各级政府发展社会保障事业的积极性；社保基金监督管理工作仍然存在一些薄弱环节；社会保障基础管理较为薄弱，社会保障管理服务能力有待加强；一些财政社保干部队伍的素质和作风还有待进一步提升改进等。对此，我们要高度重视，积极采取有针对性的措施加以解决。

二、"十一五"时期我国社会保障制度建设成就意义重大

十年来特别是"十一五"以来，我国走出了一条具有鲜明中国特色并越来越具有国际影响力的社会保障发展改革之路，这具有重大的现实意义、历史意义、比较意义、战略意义和理论意义。

（一）重大现实意义：维稳促公，拉动内需

社会保障关乎民生，影响国计。近年来，我国社会保障事业的长足发展，对社会进步和经济发展具有重大的现实意义。首

先，有效维护了社会和谐稳定。近些年来，我国社会结构和经济
体制的快速转型，既提供了前所未有的机遇，也面临着前所未有
的挑战；我们既处于黄金发展期，也处于矛盾凸显期。美国学者
亨廷顿在考察众多发展中国家经验后指出，现代化孕育着稳定，
而现代化过程却滋生着动乱。我国之所以能够较好化解经济社会
转型过程中的矛盾和风险，维护社会的和谐稳定，社会保障体系
的不断健全可以说发挥着非常重要的作用。发展社会保障事业是
"促进和谐的投资"，对社会保障的投入虽然不像对高速公路等基
础设施领域的投资那样产生直接回报，但它的间接回报率、综合
投入产出比，比政府对其他任何方面的投资都要高，因为社会保
障制度修筑起来的，是一条通往和谐社会的"高速公路"。从这
个意义上说，没有社会保障事业近年来的大发展，就不会有我们
国家总体上的安定和谐。第二，大大促进了社会公平。改革开放
以来，受各种因素影响，在社会财富总量迅速壮大，国民收入不
断提高的同时，我国城乡之间、行业之间、地区之间以及群体之
间收入差距扩大问题较为突出，基尼系数从 20 世纪 80 年代末期
的 0.35 左右提高到目前的接近 0.5。在此背景下，社会保障等制
度的不断完善，对于优化收入分配结构、促进社会公平发挥着巨
大和十分独特的作用，大大抵消了初次分配不公的严重社会后
果。2009 年我国农村社会保障资金投入中，用于最困难的农村
低保对象和农村五保对象身上的，就有约 900 亿元，年人均约
1700 元，明显高于 1196 元的农村贫困标准。2009 年各级财政用
于"三农"的总支出更是达到 20042.6 亿元，相当于 2009 年第
一产业增加值 35477 亿元和 2009 年农民总收入 36735 亿元的一

半多。此外，在城镇居民人均可支配收入中，有大约 1/4 来自通过社会保障制度等二次分配手段获得的转移性收入。第三，有力拉动了经济增长。从理论上讲，社会保障制度本身就具有自动稳定器的功能，在经济衰退的情况下，由于失业人数攀升和收入水平降低等原因，领取失业保险金和社会救济金的人数会大幅度增加，从而增加社会保障支出并刺激有效需求的增长。近年来，特别是国际金融危机爆发以来，我们更注重发挥社会保障制度的主动调控作用，通过加快健全农村社会保障体系、多次大幅度提高基本养老金、低保、优抚和医疗保障待遇水平、发放一次性生活补助、出台"五缓四降三补贴两协商一开口"等措施，刺激消费，扩大内需，减轻企业负担，促进经济发展。社会保障制度"经济稳定器"的作用得到了充分体现。第四，较好体现了以人为本的科学发展理念。加快健全社会保障体系是统筹经济社会发展的一项重要内容。在社会保障制度建设过程中，我们始终贯彻和体现以人为本的科学发展理念，通过加大对农村社会保障事业和欠发达地区社会保障事业发展的支持力度，使社会保障事业的城乡发展更加协调，区域发展更加协调。

（二）重大历史意义：进度之快，史上少见

之所以说新世纪以来特别是"十一五"时期社会保障发展改革具有重大历史意义，是因为这一阶段是我国社会保障发展史上的黄金时期。结合第一部分对社会保障制度建设所做的初步总结，我们可以简要概括出几个"史无前例"：一是新项目新政策

出台之多史无前例。这方面不管养老、医疗还是就业都有太多的例子，单在应对汶川和玉树特大地震、婴幼儿奶粉事件、低温雨雪冰冻灾害等突发公共事件方面，我们就先后出台了提高倒塌房屋恢复重建补助标准、地震灾区因灾"三孤"人员三个月临时生活救助及后续生活救助、对因灾遇难人员家庭发放抚慰金、地震灾区伤病人员救治医疗费用补助、增加受灾低保对象临时补助资金、将因灾公路滞留人员纳入紧急转移安置救助范围、对食用含三聚氰胺奶粉的婴幼儿一律实行免费筛查和诊治等等一系列政策。二是保障对象增长之快史无前例。参加城镇职工基本医疗保险、城镇居民基本医疗保险和新农合的总人数在"十一五"时期从3.17亿人增加到12.5亿人。养老保障对象的总人数在"十一五"时期从2.1亿人增加到3.9亿人。三是待遇水平提高幅度之大史无前例。"十一五"时期，新农合财政补助标准提高到原来的6倍，基本养老金水平将近翻番，农村五保供养标准翻了一番还多，农村低保补助水平在3年内翻了一番。这样的社会保障待遇水平提高幅度，是历史上所没有的。如果说在我国计划经济向市场经济转轨的初期，政府对公民承担的保障责任因收入分配格局的调整和财政收入占比的下降而有所弱化，那么进入新世纪以来，随着市场经济体制的不断完善和国家财力的逐步增强，政府对公民的社会保障等公共服务职能得到了大大强化，社会保障制度体系日益健全，保障水平不断提高，向着"人人享有基本保障"的目标阔步前进。

从世界社会保障发展史来看，我国社会保障制度建设进度之快，也是少见的。首先，在发展中国家中，我国社会保障体系的项目更全面、覆盖面更广。我国是少数建立起了比较齐全的社会保障项目的发展中国家。像马来西亚、菲律宾、秘鲁、肯尼亚、越南等发展中国家迄今都没有实行失业保障和最低生活保障制度，印度也没有像我国这样建立起覆盖城乡的低保制度。韩国人均 GDP 水平比我国高得多，但却是从 2000 年开始推动建立最低生活保障制度，比我国要晚。就社会保障覆盖面而言，我国基本医疗保障已覆盖城乡居民，城镇养老保障覆盖了大约 60% 的城镇就业人口，农村养老保障覆盖面也已经达到 40% 左右。据世界银行统计，在印度的 4 亿多劳动力中，参加养老保险的只有 3500 万人，不到 10%，远低于我国目前的水平。墨西哥、泰国、巴基斯坦养老保险制度的覆盖面分别为 34.5%、22.5% 和 6.4%，玻利维亚、萨尔瓦多、秘鲁养老保险制度只覆盖了 10%—15% 的就业者。马来西亚人均 GDP 已经达到 8000 美元，但是农村养老保险制度建设尚未提上议事日程。此外，俄罗斯虽然建立了比较齐全和覆盖面较广的社会保障体系，但是因为受经济衰退和通货膨胀等影响，社会保障水平也不很高。据统计，俄罗斯的养老金水平相当于最低生活费的比例从 1993 年的 138% 下降到 1999 年的 70%，近年来由于经济形势有所好转，养老金水平有所提高，但是到 2006 年也仅相当于最低生活费的 95%。其次，我国社会保障体系的健全程度，超过了发达国家历史上大致相同发展阶段的水平。我国在医疗保障制度实现全面覆盖以及启动农村养老保险制度建设时，人均 GDP 水平刚刚超过 3000 美元，即使按购买力平价测算也只有 6000 多美元。大多数发达国家都是在人均 GDP 水平超过 8000 美元时，才推动医疗保障制度的全民覆盖及建立农村养老保险制度的，像意大利、西班牙、比利时、以色列、爱尔兰、澳大利亚等国，人均 GDP 水平都在 10000 美元以上，相对较早的德国建立农村养老保险制度时，人均 GDP 约为 6500 美元，葡萄牙建立农村养老保险制度时人均 GDP 约为 7200 美元，西班牙在 1974 年建立农村养老保险制度时人均 GDP 约为 8100 美元。此外，绝大多数国家农村养老保险制度建设要滞后于城镇养老保险制度 50 年以上，甚至 60 多年、70 多年。德国早在 1889 年就建立了城市养老保险制度，直到 1957 年才开始推动农村养老保险制度建设。美国、法国、加拿大农村社会养老保障制度建设与城市相比分别也有 55 年、54 年、63 年的时滞，较短的葡萄牙也用了 42 年的时间。我国从 1997 年建立统一的企业职工基本养老保险制度算起，到 2009 年启动新型农村社会养老保险制度试点，中间仅仅隔了 10 余年的时间。

（三）重大比较意义：多维分析，来之不易

考虑到我国的人口规模和结构、收入结构、财政状况等因素，以及社会保障制度建设面临的发展与改革双重任务，会对我国社会保障事业发展成就的来之不易有一个更加深刻的认识。

首先，从人口规模和结构看，我国是人口最多且"未富先老"特征最明显的国家。我国拥有 13 亿多人口，正如温家宝总理所说，再小的问题乘以 13 亿，都是一个大问题。世界上没有哪个国家像中国这样，面临着为如此庞大的人口提供基本保障的艰巨任务。在中国，无论是社会保障体系制度设计的复杂性，还是需要平衡的利益群体的多样性，以及推进实施的难度，对其他很多国家而言，不仅是不曾面对的，甚至是难以想象的。而且，长期实行计划生育政策，在稳定生育水平、统筹解决人口问题、促进人口、经济、社会、资源、环境协调和可持续发展的同时，也使我国成为老龄化形势最严峻的发展中国家，老龄化程度明显高于历史上处于相同发展阶段的发达国家，具有明显的未富先老特征。第二，从居民收入结构看，我国是金字塔型社会特征最突出的国家之一。发达国家基本健全的社会保障体系，建立在比较典型的橄榄型社会结构基础上。比如英国，20 世纪 70 年代收入最高的 20％群体的收入只是最低 20％群体收入的 3.5 倍；在美国，1956 年白领工作者的数量就超过了蓝领工作者；在日本，1955 年中产阶级占总人口的比重达到 42％，1975 年进一步提高到 76％。在我国，据有关专家测算，高收入者、中等收入者、低收入者之间大致是 1：2：10 的比例。形象地说，发达国家建设社会保障制度搞"富帮穷"时，是"大马拉小车"，我们搞"富帮穷"则是"小马拉大车"，要通过转移高收入群体以及中等收入群体的部分收入，将为数众多的低收入群体的生活水平明显托高，难度自然大得多。在此基础上能够建立起基本健全的社会保障制度体系，显然更为不易，也更有意义。第三，从财政状况看，我国是在财政汲取能力较低的情况下大力支持社会保障体系建设的。2009 年，我国公共财政收入（包括税收收入和纳入一般预算管理的非税收入）占 GDP 的比重仅为 20.1％，按大口径（包括公共财政收入、国有资本经营预算收入、政府性基金收入、社会保险基金收入等）计算，也仅为 29.6％，与 2007 年 24 个工业化国家平均水平 45.3% 相比要低得多，也低于 29 个主要发展中国家 35.5% 的平均水平。在财政汲取能力较低的情况下，各级政府对社会保障事业给予大力支持，使我国社会保障制度建设在发展中国家处于超前水平，对此应予充分肯定。第四，我国是在同步推进社会保障发展和改革两大历史任务的情况下，取得社会保障制度建设巨大成就的。发达国家普遍是在社会保障项目比较健全、社会保障基本覆盖全民、社会保障水平较高后，且已经基本完成工业化和城市化进程，市场经济体制也已比较完善的条件下，才进入社会保障改革阶段，也就是说，社会保障发展和改革是前后相继的两个独立过程。苏联及东欧转轨国家在 20 世纪 90 年代进行社会保障和福利制度改革时，也已经基本完成了社会保障发展的任务，保障水平、保障项目和保障范围与西方发达国家相比并不逊色。我国的特殊性在于，一方面要不断扩大社会保障覆盖面、健全社会保障项目、提高社会保障水平；另一方面要适应市场化、城镇化、老龄化、全球化的需要而同步加大社会保障体制机制改革力度。在任务更加复杂和艰巨的情况下，社会保障制度建设取得如此巨大的成就，实属不易。

（四）重大战略意义：民生目标，基础已就

党的十七大确立了经济建设、政治建设、文化建设、社会建设和生态文明建设"五位一体"的社会主义现代化建设总格局，同时指出，社会建设的目标就是要努力使全体人民学有所教、劳有所得、病有所医、老有所养、住有所居。从一定意义上讲，无

论是促进国民经济又好又快发展，还是坚定不移地发展社会主义民主政治，最终都是落在以改善民生为重点的社会建设上，以更好地解决人民群众日益增长的物质文化需要同落后的社会生产之间的矛盾，不断增进人民福祉。民生社会建设提出的"五有"目标，劳有所得、病有所医、老有所养、住有所居这四个都与财政社会保障工作息息相关。可见，社会保障体系是民生建设最主要的组成部分。

改革开放以前，我国的社会保障制度主要针对占全国人口20%的城镇职工及其家属，而且这种以国家包揽一切、低工资、均福利、铁饭碗为特征的社会保障制度，与当时的计划经济体制一样，并不利于激发劳动者的积极性和促进生产力水平的长期持续发展，因而也难以为民生建设提供可靠的物质基础。改革开放以来直到本世纪初，社会保障制度建设主要是适应经济体制改革特别是国有企业改革的需要，对计划经济沿袭下来的社会保障制度进行改革，重心仍然在城市，重点仍然是城镇企业特别是国有企业职工，也就是所谓的体制内群体，对农村居民、城镇非国有企业职工和城镇居民，没有给予太多关注。党的十六大特别是党的十七大以来，适应构建和谐社会和落实科学发展观的需要，社会保障制度建设的重点从城市扩展到农村，从城镇职工扩展到城镇居民，项目从零敲碎打到渐成体系，我们不仅明确了要基本建立起覆盖城乡居民的社会保障体系的奋斗目标，也基本形成了指导下一步社会保障发展改革的战略，为加快建设"人人享有基本保障"的民生社会、实现国家长治久安明确了思路，正是通过坚持不懈的努力，我们建立起了覆盖城乡居民的社会保障体系的框架，为下一步加快民生建设和增进人民福祉夯实了基础。

（五）重大创新意义：中国模式，可圈可点

　　近年来，我们立足中国国情，在借鉴国际经验的基础上，勇于进行体制机制创新，对发展中国家在人口多、底子薄、穷人多的情况下如何界定政府、市场、个人的责任，如何实现公平与效率的均衡进行了积极探索，走出了一条具有中国特色的社会保障发展改革之路。比如，我们在城镇企业职工养老保险制度改革中，建立了社会统筹与个人账户相结合的模式；在新型农村社会养老保险试点中，实行基础养老金和个人账户养老金相结合的养老待遇以及个人缴费、集体补助、政府补贴相结合的筹资办法，由国家财政全额支付最低标准基础养老金，由地方财政对农民缴费实行补贴；在新型农村合作医疗试点中以家庭为单位参合，以及新农保试点中要求子女参保缴费后老人可以获得基础养老金等等，都反映了我国在社会保障体系建设中为实现公平与效率均衡、权利与责任对应、政府保障与家庭保障结合等方面所进行的开拓性探索。需要特别指出的是，我国在财政实力相对薄弱的情况下，为加快推进覆盖城乡居民的社会保障体系建设，政府承担起了更多的社会保障筹资责任，针对大多数居民实行了政府补助为主、个人缴费为辅的社会保障筹资机制。新农合制度中政府补助占到筹资总额的80%，新农保中基础养老金100%由各级财政承担，并对参保农民给予缴费补助。像我国这样由政府承担社会

保障主要筹资责任的情况，在发达国家也是不多见的。比如，法国国家财政对农村社会保障的直接投入占所需资金总量的 30%，日本对农民养老金的补贴为 1/3。在发展中国家则更是低多了，比如立陶宛、斯洛伐克等对农村养老保险的政府补贴只有 12% 左右。

由于各国国情迥异，发展水平不同，不可能产生普适的社会保障制度模式。即使在西方发达国家，专家也将其社会保障模式划分为三大类，一是北欧的人民福利国家模式，福利供给非常慷慨，传统的工人阶级和新中产阶级都是受益阶层，但私人部门的福利市场相对发展不足，国家负担太重；二是欧洲大陆的合作主义模式，福利项目条块分割，给付水平较高，国家负担较重，利益关系复杂，改革进程艰难；三是以美国为代表的混合模式，广泛的社会救助、作用适当的社会保险使中产阶级离不开市场，穷人等弱势群体离不开国家，国家负担较轻，市场福利发达，但是公平性要差些。在每种模式内部又会有若干种子模式，不同的模式各有千秋，很难笼统地说孰优孰劣，但总的来讲，发展中国家难以照搬发达国家社会保障制度的做法。相对而言，虽然中国社会保障发展模式也不一定基本适用于其他发展中国家，但作为发展阶段比较接近的国家，对其完善自身的社会保障制度应该来讲会更具有借鉴意义。当然，我们也应注意及时吸取和借鉴其他发展中国家和发达国家在社会保障发展改革方面的经验教训，进一步健全我国的社会保障体系。

三、"十二五"时期要进一步加快社会保障制度建设

根据中共中央《关于制定国民经济和社会发展第十二个五年规划的建议》要求，"十二五"时期我国社会保障制度建设步伐会进一步加快，社会保障发展改革的力度会进一步加大，党的十七大提出的2020年社会保障体系建设目标，有可能在"十二五"时期（或2017年前）提前实现。加快社会保障制度建设，是以下几方面的需要：

（一）人口结构迅速变迁的需要

"十二五"时期及以后，以老龄化、城镇化等为主要特征的人口和社会结构变迁会加速推进。据联合国预测，今后三十年，我国60岁及以上人口将年均增长16.55%，2040年60岁及以上人口占比将达到27.5%，到2050年，60岁及以上人口占比将达到33%，进入深度老龄化阶段。另据预测，城镇人口占总人口的比重将会以每年约1个百分点的速度增长，城镇化将是下一步中国经济增长的重要动力源之一。人口结构的迅速变迁，客观上要求加快社会保障制度建设的步伐。首先，妥善化解社会保障制度支出压力，需要加快社会保障制度建设。一方面，人口老龄化会严重影响社会保险基金的收支平衡。我国养老保险制度的赡养比将持续恶化，这会从减收和增支两方面削弱养老保障制度的长

期可持续性。由于老年人口的人均医疗费用相当于年轻人口医疗费用的3—5倍，因此人口老龄化也会大大增加医疗保障制度的支付压力。此外，由于老年人面临更大的经济风险，人口老龄化也会增大社会救助制度的压力。另一方面，城镇化进程的加快，也会对农村社会保障制度建设带来进一步的压力。由于大量农村青壮年劳动力转移到城市就业，农村的赡养比会攀升得更加迅速，农村社会保障基金会面临更大的收支缺口。第二，应对老龄化和城镇化对劳动力供给结构和劳动生产率的冲击，需要加快社会保障制度建设。与人口老龄化相伴随的是人口出生率的下降，这将降低新增劳动力的增长速度。当劳动力新增数量低于退出数量、新增速度慢于退出速度时，劳动力市场中年轻劳动力的数量将越来越少，这必然使得劳动力的平均年龄越来越大。1999年我国劳动适龄人口中45岁以上的比重为24%，据预测，这一比重到2040年将上升至37%左右。在人口老龄化情况下，为减轻养老保障等社会保障制度的支出压力和保证劳动力供给规模，推迟退休更加必要，这会进一步加大劳动力的平均年龄，在某些行业，年老职工因经验丰富会有助于工作的开展，但在很多行业，因体力下降等因素，年老职工比重的增加会对劳动生产率的提高产生不利影响。城镇化进程中，农村劳动力的老化问题将尤为突出，农业生产将会受到影响。这需要我们进一步完善相关就业政策和劳动力市场政策，以适应劳动力供给结构的变化。第三，进一步满足养老服务产业的巨大需求，需要加快社会保障制度建设。随着人口老龄化进程的加快，老年人口的消费和服务需求如老年护理、老年娱乐和老年产品等将迅速增加，以满足老年人的多样化需求。同时，城镇化进程会使得农村留守老人问题愈加突出，2008年我国农村空巢和类空巢家庭已达到48.9%，势必要求将更多涉及老人的公共服务由城镇向农村延伸。进一步完善促进养老服务发展的产业政策非常迫切。第四，为城镇化进程提供制度保障，需要加快社会保障制度建设。"十二五"时期，人口和劳动力从农村向城市的流动会更加频繁，社会保障制度建设必须适应这一社会变迁需要，通过尽可能统一城镇与农村社会保障的制度模式或在城镇与农村社会保障制度之间建立起比较顺畅的通道，切实做好城乡社会保障制度的统筹协调，为城镇化进程提供必要的制度保障。

（二）共享改革发展成果的需要

首先，推进共享式发展是世界趋势，更是我们社会主义制度的本质属性。西方发达国家社会保障制度，从最初的救助济贫阶段到社会保险阶段再到福利国家阶段的演变过程，实质上也就是不断追求和推进共享式发展的过程。正是在这一过程中，国家政权的合法性得到体现和巩固。当然，西方国家建立健全社会保障制度，旨在缓解阶级矛盾，实现统治阶级社会控制的目标。与西方国家不同，我们作为中国共产党领导的社会主义国家，发展社会保障事业、实现改革发展成果的全民共享是由我们社会主义国家的本质特性决定的。第二，加快社会保障制度建设推进共享式发展，是我国实现现代化的必然选择。改革开放以来，我国发生了翻天覆地的变化，市场经济体制基本建立，综合国力迅速提升，人民生活水平明显改善，由低收入国家迈入中等收入国家行列。从"十二五"时期开始，我国将全面进入新的发展阶段，即通过加快发展改革，逐步实现从中等收入国家向中等发达国家的过渡。国际经验表明，进入中等收入发展阶段后，各类问题如贫富差距扩大、地区发展失衡、公共服务供给不足等会进一步凸显，从中等收入国家向发达国家的转变充满着不确定性。20世纪以来只有日本、韩国等少数国家成功实现了这一转变，很多国家如阿根廷、巴西、泰国、马来西亚等在这一阶段却进入中等收入水平的发展陷阱，表现为经济增长的缓慢或停滞，甚至发生政治和社会危机，经济社会长期徘徊不前，其根源就在于没有实现全社会成员对发展成果的共享。"十二五"时期是我国从中等收入国家向中等发达国家转变的起步阶段，社会保障是促进发展成果共享的重要手段，因此，加快"十二五"时期社会保障制度建设，对顺利推进这一转变过程、避免落入中等收入陷阱至关重要。在此期间，一是通过社会保障制度进一步优化收入分配格局的要求更加迫切。合理的收入分配格局是社会公平正义的重要体现，分配公平不仅仅是单纯的经济利益问题，也是关系社会和谐稳定的重大政治问题。我国在经济高速增长、人均收入水平不断提高的同时，也出现了比较明显的分配失衡问题。可以预期，"十二五"时期收入分配制度改革的力度将会空前加大，作为调节收入分配重要手段的社会保障制度将会发挥越来越重要的作用。二是对社会保障领域基本公共服务的需求日益增长。经过改革开放以来30多年的快速发展，社会主要矛盾虽然仍然是人民日益增长的物质文化需要同落后的社会生产之间的矛盾，但人民群众的物质文化需要越来越多地体现在对公共服务的需要，而公共服务的供给却相对落后，且很不均衡。因此，有必要切实加大基本公共卫生、基本医疗服务、老年护理等社会保障基本公共服务的供给力度，更好地满足人民群众的需要。三是城乡之间、区域之间社会保障的均衡发展更加重要。在城乡均衡发展的过程中，尤其要关注农民工的社会保障问题。"十二五"时期，农民工进一步融入城市将成为一个不可逆转的历史潮流，这对建立更适应劳动力流动的社会保障制度以及加强城镇社会保障制度与农村社会保障制度的统筹和衔接提出了更高要求，对城市公租房、廉租房等住房保障制度带来新的压力，也是对城市公共卫生、义务教育等公共服务能力的极大考验。此外，在全国范围基本建立起社会保障制度体系后，加强宏观调控、促进地区均衡发展的问题在"十二五"时期将引起更大关注。

（三）转变经济发展方式的需要

党的十七届五中全会提出，加快转变经济发展方式是我国经济社会领域的一场深刻变革，要以加快转变经济发展方式为主线来推动科学发展。五中全会同时要求，要把保障和改善民生作为加快转变经济发展方式的根本出发点和落脚点，在推动科学发展的过程中更加注重保障和改善民生。"十二五"时期，因国际金融危机引发的世界经济结构深度调整仍将继续，全球需求结构和生产结构的变化，会对我国的发展环境和发展动力带来深远影响。转变经济发展方式，促进经济增长由主要依靠投资、出口拉动向依靠消费、投资、出口协调拉动转变，由主要依靠第二产业带动向依靠第一、第二、第三产业协同带动转变，由主要依靠增加物质资源消耗向主要依靠科技进步、劳动者素质提高、管理创新转变，已成为非常紧迫和艰巨的任务。为此，要充分发挥社会保障拉动消费、促进产业升级和化解风险的作用，推动经济发展方式转变。

首先，充分发挥消费对经济增长的拉动作用需要健全社会保障体系。近年来，虽然我国经济保持了快速增长，但这种过于依靠投资拉动和出口拉动的经济增长方式难以为继，也不利于更好地将经济增长的成果转化为人民的福利。2009 年我国固定资产投资 224846 亿元，社会消费品零售总额 125343 亿元，消费仅为投资的 55.7%，固定资产投资比上年增长 30.1%，而消费仅比上年增长 15.5%。在出口方面，我国与一些发达国家和发展中国家的贸易摩擦近年来也有愈演愈烈之势。投资需求和出口需求这两驾马车面临的问题，迫切需要我们进一步发挥消费需求对经济增长的拉动作用。在分析 1997 年亚洲金融危机的原因时，有经济学家指出，缺乏消费导向型经济增长模式所需要的社会保障体系，是一些东亚经济体难以实现经济增长模式由投资驱动的粗放型向技术驱动的集约型转变的重要因素。社会保障制度的不断健全，一方面能够改善和稳定人们的消费预期来间接拉动消费需求，另一方面也因社会保障资金更多用于边际消费倾向更高的低收入群体而能够产生明显的直接拉动效应。据国家统计局调查，我国 10% 最低收入家庭消费率高达 96%，而 10% 最高收入家庭消费率仅为 63%。一些学者的研究表明，扩大社会保障制度覆盖面能够显著地提高城乡居民消费水平。城市家庭每增加一个有保障的人口，家庭消费支出每年将增加 1041 元；农村家庭每增加一个有保障的人口，家庭消费支出每年将增加 483 元。中国社科院人口与劳动经济研究所的一项研究表明，仅仅给城镇居民中20%的最低收入群体多增加一项社会保障覆盖的话，在其收入不增长的情况下，仅仅通过稳定预期就可以增加 100 亿元的直接消费。第二，促进充分就业需要健全社会保障体系。据有关专家预测，"十二五"时期我国劳动力供给总量还将持续上升，每年城镇新增劳动力供给大致稳定在 2200 万—2400 万人。其中，高校毕业生 2011—2015 年每年保持在 700 万人以上，还有相当数量的中职毕业生和未升学的初高中毕业生，以及十分庞大的农民工群体。据统计，2009 年农民工达到 2.3 亿人，其中 1.45 亿人外出进城，"十二五"期末外出进城农民工预计将达到 1.7 亿人。健全社会保障体系，加大积极就业政策实施力度，并对就业困难群体给予基本生活保障，对解决我国未来就业压力至关重要。第三，提高劳动生产率需要健全社会保障体系。劳动者素质和劳动积极性的高低，对劳动生产率有重要影响。为此，我们必须加大职业培训力度，加快医药卫生事业发展，进一步提高劳动者的劳动技能和健康水平；必须将每一位符合条件的劳动者纳入养老、医疗、失业、工伤等保障制度，使他们无后顾之忧，进一步激发工作的积极性。第四，加快发展第三产业需要健全社会保障体系。养老、护理和医疗服务等劳动密集型社会保障服务业，是第三产业的重要组成部分，也是当前发展的薄弱环节，加快这些产业的发展，对优化经济结构、吸纳就业和转变经济发展方式非常必要。第五，化解经济发展方式转变中的风险需要健全社会保障体系。转变经济发展方式是促进经济长期健康可持续发展的必然选择，但是也会经受短期的"阵痛"，付出一定的代价，比如淘汰落后产能、关闭高污染、高耗能企业会导致相当一部分工人下岗失业，这一部分社会成员面临的基本生存和发展风险，需要健全社会保障体系来应对。

（四）为深化改革保驾护航的需要

渐进式改革是中国改革的基本特征。渐进式改革注重在推进过程中少触动既定利益格局，以减轻改革阻力，因而具有比较显著的帕累托改进特征。也就是说，改革至少能够使部分社会成员的状况得到改善，同时不会对其他任何人的利益构成损害。20世纪80年代的农村改革以及价格双轨制改革就是典型的例子。30多年的实践表明，我国的改革是成功的，取得的巨大进展令世人瞩目。但随着改革的不断深入，改革正在进入"深水区"，改革难度越来越大。无论是收入分配制度的调整和打破行业垄断，还是行政体制改革、土地制度改革、资源产权和价格的改革以及我们正在积极推进的医药卫生体制改革，都是比较难啃的"硬骨头"。改革的复杂性、艰巨性和不确定性明显增加，由于涉及既定利益格局的深刻调整，改革的动力有所弱化而阻力却进一步增强。在此背景下，为进一步深化改革，就应采取有效措施协调好相关各方的合理利益，对利益受损方给予必要的补偿，以减少改革阻力，凝聚改革共识。为此，应充分借助社会保障制度等再分配手段的适度补偿职能。比如，推动产业结构的升级换代，加大企业改革和企业重组的力度，在创造出新就业岗位的同时，也会影响一些低技能劳动者的就业空间和就业机会，使其利益受损。为此，就要通过社会保障制度为其提供基本生活保障，并加大就业培训力度进一步提升其劳动技能。又如，医药卫生体制改革中实行的基本药物制度，有利于减轻患者负担和扭转医疗卫生机构"以药补医"的局面，但是由此造成的医疗机构特别是基层医疗机构收入大幅度减少，必须给予合理补偿，以保证其正常运转和激发其参与医改的积极性。因此，应在取消药品加成的同时建立多渠道补偿机制，加大医保基金和财政的补偿力度。基层医疗卫生机构综合改革过程中，实行定岗定编后分流的人员，也要将他们纳入比较健全的社会保障体系，为基层医疗卫生机构人员解除后顾之忧等等。

（五）社会保障法治化的需要

近年来，按照依法治国的要求，适应贯彻落实科学发展观、促进经济社会协调发展的需要，社会领域立法特别是与民生相关的立法工作力度不断加大。全国人大常委会工作报告和立法规划都强调要加强社会领域立法，这是当前和今后一个时期加强和改进立法工作的重要方向，对促进社会公平正义具有重要意义。与西方国家通常采用"立法先行"模式不同，我国社会保障制度建设的立法进程相对滞后，与之相配套的法律法规体系还不健全，立法层次较低。为促进社会保障制度的定型、规范和可持续发展，有必要在"十二五"时期进一步加快健全社会保障法律法规体系，比如，根据《社会保险法》及时制定或修订相关的条例，抓紧出台《社会救助法》、《慈善法》及其他一些社会保障法律法规，为今后社会保障事业发展奠定坚实的法制基础。社会保障立法的提速，要求财政部门更加积极地参与到立法工作中。此外，以打造服务型政府为核心内容的行政管理体制改革也会不断深化，社会保障管理将从政府统管的一元化管理模式，走向"政府负责、社会协同、公民参与"的多元主体协作治理模式。提升社会保障管理服务水平和效率，提高政府决策的透明度，确保广大社会保障对象的知情权，以及扩大社会保障决策的公众参与度，既对财政社保部门自身的服务意识和服务水平提出了新挑战，也对财政部门支持业务主管部门加强基础管理工作和服务能力建设提出了更高的要求。

（六）体现公共财政公共性的需要

在 2005 年总结"十五"时期财政社保工作的会议上，我曾经讲过一个观点，即评价公共财政的公共性程度核心指标有两个：第一，财政覆盖范围越大，公共化的程度就越高；第二，财政各种支出比例越协调，公共化的水平就越高。近年来，适应社会主义市场经济体制和构建社会主义和谐社会的需要，各级财政部门在党中央、国务院的领导下，着力推动公共财政体系建设，财政覆盖范围不断拓展并逐步实行无差别待遇，"公共性"特征逐步增强。"十二五"时期，进一步体现公共财政的公共性，是财政工作的重点和各级财政部门的重要任务。公共财政本质上是以国家为主体、"取之于民、用之于民"的分配关系，保障和改善民生是公共财政最为根本的职能，而发展社会保障事业、健全社会保障体系则是民生社会建设最为核心的内容。因此，切实体现公共财政的公共性，需要各级财政进一步加大对社会保障事业发展的支持力度。

在充分认识财政支持社会保障事业必要性的同时，也要清醒看到面临的困难和挑战。首先，财政收入高增长持续较难。在"十二五"时期，经济增长速度可能有所回落，进一步加强税收征管的空间越来越有限。此外，社会各界要求政府、企业让利于民的呼声很高，这有利于增加居民收入，但也会影响政府财政收入，因此财政收入可能难以始终保持高速增长态势。其次，我国财政收入体系不够完善。财政一般预算收入占 GDP 的比重偏低，同时，在现行管理体制下，除按照国际通行的对社会保险基金实行专款专用外，我国政府性基金收入、国有资本经营预算收入等也都具有特定用途，基本实行专款专用，难以统筹安排使用。第三，财政支出的刚性越来越大。在社会保障方面，政府筹资为主、居民个人缴费为辅的社会保障筹资体系不会发生明显变化，扩大各项社会保障制度覆盖面、推广适度社会福利政策、实施公租房制度、提高劳动者素质等将成为社会保障新的支出增长点。规范机关事业单位津补贴、调整企业职工工资水平和最低工资等收入分配措施将带来一系列社会保障待遇政策调整。此外，教育经费2012 年要达到 GDP 的 4%，农业、科技等支出也有法定增长要求；城市化的加速发展，需要进一步加大基础设施的建设；转变经济发展方式更是需要财政在节能减排、科技创新等方面的大规模投入。初步测算，"十二五"时期我国财政社会保障需求（包括医疗卫生、义务教育、保障住房、农民补贴以及扶贫支出等）要年均递增20%以上，与可能供给之间存在相当大的矛盾，需要各级财政社保部门加大工作力度，尽最大努力做好资金保障工作。

今后一段时期，我国社会保障事业发展的环境更加复杂，应对的问题更加多样，肩负的任务更加繁重，面临的挑战更加严峻，但更要看到，大力发展社会保障等社会事业已经成为党和国家的既定大政方针，社会各界关于加快社会保障制度建设步伐的呼声也越来越高，以人为本、保障和改善民生的理念深入人心，社会各界已就加快推进社会保障事业发展达成了共识；30余年改革开放积累起了比较雄厚的经济基础与财力基础；社会保障体系框架已经初步搭建形成，并且多年来的改革探索实践积累了丰富和宝贵的经验。所以是机遇大于挑战。我们要坚定信心，迎难而上，及早谋划，顺势而为，积极发挥公共财政职能作用，大力支持社会保障制度建设，力争在保障和改善民生方面取得新的全方位突破。同时，也要处理好尽力而为和量力而行的关系，既积极创造条件努力保障和改善民生，又根据财政实际能力，坚持循序渐进。

四、"十二五"时期财政支持社保事业加快发展的思考

支持和促进"十二五"时期我国社会保障制度加快发展，我认为要注重把握好以下原则，即"保基本、广覆盖、重统筹、多

层次、建机制、顺体制、严管理、可持续"。一句话，就是要坚持增加投入与深化改革并重的基本指导思想。一方面，只有不断增加投入，才能为社会保障体系的健全、覆盖面的扩展、待遇标准的提高提供可靠的财力保障。另一方面，只有不断深化改革，才能真正建立起统筹衔接更加顺畅、保障层次更加多元、体制机制更加科学、基础管理更加规范、长期发展更加持续的社会保障制度，切实提高社会保障资金的使用效益。可以说，深化改革贯穿于社会保障制度建设的方方面面。具体建议和思考是：

（一）保基本

"保基本"，就是要根据经济社会发展阶段以及个人、企业和财政等多方面的承受能力，以逐步满足人民群众在维护生存和实现自身发展方面的基本需求为目标，合理确定社会保障的水平和项目。对"保基本"，我有以下理解：第一，"保基本"是对"低水平"的扬弃。与"低水平"相比，"保基本"既继承了社会保障水平与经济社会发展阶段相适应这一基本内涵，又进一步凸显了随着经济发展逐步提高保障水平以更好地满足人民群众基本保障需求的含义，更具有以人为本的色彩。如果说"低水平"更多地是着眼于当初社会保障事业发展在供给方面面临的严重制约而提出来的一条原则，那么"保基本"则在仍旧重视供给方面制约因素的同时，更加突出地强调了对需方的高度关注，是经济发展和社会保障制度建设进入新阶段后的客观要求。在改革开放初期，由于我国经济发展水平、人均收入水平都比较低，城乡二元结构特征仍然比较明显，国家财力有限，以及适应经济建设为中心和提高国际竞争力的需要，在社会保障制度建设的初期阶段提出应遵循低水平起步的原则，有其现实的合理性和历史的必然性，但随着我国经济实力和国家财力的不断壮大，我们有必要也有条件将"保基本"作为今后确定社会保障水平的指导原则，为每位需要帮助的社会成员提供适度水平的保障。第二，"保基本"也是对"福利"的警惕。福利制度具有内在的自我膨胀机制。但是天下没有免费的午餐，福利和税（费）率是一枚硬币的两面，一方面不断提高福利水平，另一方面又不想增加个人和企业负担，是不可能的。短期内通过扩大财政赤字、寅吃卯粮可以暂时求得皆大欢喜，久而久之肯定要出大问题。很多发达国家在这方面有过惨痛教训。因此，在按照"保基本"的要求不断推动社会保障待遇从"低水平"向"适度水平"转变的同时，我们还要对"福利"倾向保持必要的警惕，即脱离经济发展水平和社会结构的现实搞跃进，以拔苗助长的方式来推进社会保障制度建设和提高社会保障待遇水平。这不仅不能够真正改善社会成员的福利状况和促进社会和谐，反而会带来适得其反的效果。第三，只有坚持"保基本"，才能更好地实现"广覆盖"。在国家财力仍然不很宽裕的情况下，如果将过多的资金用于提高已经被制度覆盖群体的社会保障待遇标准，那么扩展社会保障覆盖面的力度就必然会受到影响，可能会进一步激化制度内群体与制度外群体之间的矛盾。因此，尽快扩展各项社会保障制度的覆盖面，建立起覆盖城乡居民的社会保障体系，也必须坚持"保基本"的原则。第四，"保基本"是一个动态的概念。在不同的地区，不同的时期，保

基本的内涵是不完全一样的。总的来看，随着经济发展和社会进步，基本保障的含义会不断发展，因此，要根据形势发展需要，结合各方面承受能力，逐步加大"保基本"的力度，并适时进一步完善基本保障项目，比如随着老龄化的日益严峻，要积极稳妥地研究开展老年护理保险制度建设等。第五，"十二五"时期既要继续做好"保基本生活"，更要加大"保基本医疗"和"保基本住房"力度。之所以强调更加注重"保基本医疗"，是因为与基本生活相比，基本医疗有一些明显不同的特点：其一，从需求角度而言，基本医疗的保障标准很难有一个明确的上限。一位白血病患者的基本医疗需求可能需要以十万元计甚至更高，而基本生活保障的标准却是比较容易确定的。其二，通常对基本医疗的界定以经济承受能力作为标准，反过来这也意味着，随着国家、社会、个人经济承受能力的提高，基本医疗的内涵和外延将不断拓展，保障基本医疗需求的任务会不断加剧。其三，对基本医疗保障得越好，人们的生命延续得越长，越可能会带来下一步更大规模的基本医疗需求。其四，基本医疗保障涉及的利益主体更加多元，控制费用的难度更大。因此，在继续做好"保基本生活"工作的同时，要将"保基本医疗"作为重点，加大工作力度。继续稳步提高新农合、城镇居民医保、城镇职工医保、城乡医疗救助的保障水平，并切实加强对各类基本医疗保障制度的管理。此外，基本住房保障也是当前经济社会中万众瞩目的焦点和难点问题，关系到群众的切身利益，涉及方方面面，错综复杂。在目前，困难群体的基本生活虽然通过最低生活保障等制度得到了有效保障，但是困难群体特别是大中城市很多困难群体的住房问题尚待进一步解决，在有些地区，甚至中等收入群体的住房问题也比较突出。因此，有必要将"保基本住房"作为下一步民生工作的一项重点内容，切实加大工作力度。

（二）广覆盖

"广覆盖"，就是通过建立起覆盖城乡居民的社会保障制度，使尽可能多的社会成员都能够享有基本的社会保障。我认为要注重以下几点：第一，覆盖面的大小是体现社会保障公平性的核心指标，要把实现"广覆盖"作为下一步社会保障制度建设的重要目标。改革开放 30 年来特别是进入新世纪以来，社会保障覆盖面不断扩大，特别是越来越多的农村居民被纳入新农合等社会保障制度体系。但是，由于目前新农保只是在部分地区试点且参保率还不很理想，城镇无保障居民和未参保集体企业退休职工养老保障问题尚未解决，以及其他一些群体在某些保障项目方面存在的历史遗留问题，社会保障制度在实现"广覆盖"方面还有着一些缺失。"十二五"时期，我们要将全力扩大社会保障覆盖面作为社会保障体系建设的重中之重加以大力推进。"广覆盖"下一步的重点有两方面：一是养老保障。要抓紧研究解决城镇无保障居民和未参保集体企业退休职工养老保障问题，并加快新农保制度扩面步伐。二是住房保障。要继续大规模建设廉租住房，扩大廉租住房保障覆盖面；在全国范围内大力推进农村危房改造工作；在基本完成城市和工矿区集中成片棚户区改造的基础上，稳步推进城镇零星危旧住房改造和地方国有林场、垦区棚户区改造；加大公共租赁住房建设力度，有效解决城镇居民中"夹心层"群体住房困难问题。第二，为最大程度实现"广覆盖"，应尽力推动"制度全覆盖"，并切实提高社会保险制度的参保率。首先需要说明的是，不同的社会保障项目职能定位不同，有些社会保障项目如医疗保障是面向全民的，有些社会保障项目如低保、优抚则是针对特定群体的。因此，所谓制度的全覆盖，是指社会保障制度要将所有符合条件的社会成员纳入覆盖范围，而并非将全体公民纳入覆盖范围。即使在制度实现全覆盖的情况下，由于社会保险制度实行权利与义务对应的原则，以及部分社会保障项目的参保实行自愿原则，被纳入制度覆盖范围的社会成员，也可能因种种原因没有参加相关社会保障制度。只有推动制度全覆盖，并努力提高各项城镇社会保险制度及新农合制度、新农保制度的参保率，才能最大程度实现"广覆盖"。第三，"广覆盖"并不意味着完全由政府为社会成员提供基本保障，而是要充分发挥各种保障渠道的作用。比如，对于高收入群体，应鼓励其通过购买商业保险等市场化保障机制来解决其养老、医疗和意外灾害等方面的风险，他们的住房保障需求也应当通过购买商品房等市场化渠道解决。政府重在解决困难群体和普通社会成员的基本保障需求。

（三）重统筹

近年来，我们迅速建立了一系列新的社会保障制度，出台了一系列社会保障政策，在加快建设覆盖城乡居民的社会保障体系方面取得了历史性突破。但是，受经济社会等方面客观条件的限制，加之经验不足以及统筹规划和宏观调控不够，社会保障体系的碎片化问题、制度之间衔接不够顺畅问题以及社会保障发展水平不均衡问题还比较突出。"十二五"时期，建议加大对社会保障事业发展的统筹协调力度。具体来讲：

一是注重制度统筹。"十二五"时期要切实做好制度统筹工作，切实加大相关社会保障制度的统筹力度。比如，新型农村社会养老保险制度与农村五保供养制度、农村计划生育家庭奖励扶助制度的统筹问题；城镇职工医保与城镇居民医保及其与新农合制度之间的统筹问题，城乡医疗救助制度与各项社会医疗保险制度之间的统筹问题；以及就业政策、低保政策与失业保险政策之间的衔接问题等等。

二是注重城乡统筹。加大城乡统筹力度，意味着要将社会保障工作的重心和财政投入的重点适度向农村倾斜。逐步缩小农村社会保障在发展水平、基础管理和服务等方面与城市存在的明显差距。在统筹城乡的过程中，要将解决好农民工和被征地农民社会保障问题，作为实现城乡社会保障事业统筹发展的有力抓手和重要突破口。切实保障农民工与城镇职工同工同酬，同城同教，同地同保。在强调城乡统筹的同时，也要明确城乡统筹不等同于城乡一致，而是制度上的可递进、可发展，为最终纳入同一轨道创造条件。这是因为，我国发展不够均衡，城乡之间更是存在明显差距，而且农村居民与城市居民在生产生活方式方面也不一样，短期内实现城乡社会保障的完全一致是不现实的。在城乡社会保障制度体系尽可能统一的前提下，农村社会保障一些具体政策也要立足于这些客观差异，与城镇社会保障政策有所区别，并结合农村实际情况进行创新。在"十二五"时期，要以最低生活保障制度、医疗救助制度以及新农合与城镇居民医保制度等为重点，加快城乡统筹步伐。

三是注重地区统筹。我国区域发展不平衡，地区间经济社会发展水平存在较大差距。在此背景下，一方面要允许并鼓励各地因地制宜地积极推进当地社会保障制度建设，进行有益的创新和探索，更好地保障当地居民的基本生活和基本医疗需求。另一方面，要加强对各地社会保障制度建设的指导和调控，促进社会保障事业的协调有序发展。避免地区间社会保障水平的不合理拉大，从而更好地促进基本社会保障服务的均等化。地区间社会保障发展水平有差距是允许的，在现阶段也是难免的，但是地区间差距过大也会带来很多矛盾和问题。中央政府如何发挥作用，有效缓解地区之间因为种种原因特别是不太合理的原因而拉大的基本公共服务差距，是"十二五"时期应当予以重点关注和解决的问题之一。

四是注重群体统筹。这方面要重点做好推进机关事业单位养老保险制度改革工作。机关公务员、事业单位职工和企业职工之间社会保障特别是养老保障政策和待遇的矛盾近年来一直比较突出，如不逐步加以解决势必会影响社会稳定。目前每年按照10%提高企业基本养老金的做法只是一种治标之策，难以从根本上缓解"待遇差"。只有下大决心和气力，推动机关事业单位养老保险制度改革，建立起统一的城镇职工基本养老保险制度平台，才能一劳永逸地解决这一问题。在"十二五"时期，要在事业单位分类改革的基础上，按照党中央、国务院关于事业单位养老保险制度改革的要求，精心测算，合理设计事业单位养老保险改革方案，同时，积极研究机关公务员养老保险政策。

五是注重资金统筹。首先，按规定做好一般预算资金、社会保险基金、政府性基金、土地出让收入、彩票公益金、国有资本经营预算收入等各渠道资金的统筹，通过多渠道筹资更好地满足社会保障资金需求。第二，将廉租住房保障资金、公共租赁住房资金以及各类棚户区改造资金等保障性安居工程资金，统一归并为城市住房保障资金，由财政部门统一管理，根据当地各类保障性安居工程建设需要和工作进度，区分轻重缓急统筹安排，更好地发挥整体效益。第三，合理提高社会保险基金统筹层次。目前，我国的企业职工基本养老保险、城镇职工基本医疗保险、失业保险、工伤保险、生育保险及城镇居民医保、新型农村合作医疗等各项社会保险基金中，除企业职工基本养老保险实现了省级统筹外，其他基金基本上是在市县一级统筹。养老保险的省级统筹实际上也很不彻底，基金管理的主体主要是市县一级。数以万计的社会保险基金分散在全国各地进行管理，既加大了风险，也不利于提高基金使用效率。"十二五"时期，首先要研究明确各项社会保险基金的最优统筹层次，在此基础上着手推动提高相关各项社会保险基金的统筹层次。其中，基本养老保险基金的省级统筹制度要尽快规范，实现省级统收统支和统一管理，为将来推进全国统筹打好扎实基础。

（四）多层次

"多层次"，首先是指政府主导的基本保障和市场、慈善提

供的补充保障要协调发展。社会保障是一项受益面广、风险集中、耗资巨大的社会事业，仅仅依靠国家单方面支撑这座大厦，既不实际，也不可能。纵观世界，不论是市场色彩更浓厚的美国，还是普惠福利的西欧、北欧，都建立起了较为完善的多层次保障机制，不仅缓解了政府的责任和压力，也通过竞争提高了社会保障运行效率。"十二五"时期，要在发挥政府主导作用的前提下，充分调动各方面力量，推进建立多元化保障机制。我认为：一是切实发挥市场保障机制作用。比如，积极探索和鼓励商业保险机构参与社会保障经办管理等服务工作。可以在有条件的地区，由政府确定标准化的保障产品，放开竞争，参保人可在社会保险机构以及不同商业保险公司之间进行选择。研究通过税收递延政策，大力推动企业补充保险发展，支持商业保险公司开发和提供符合城乡居民需求的养老保险、健康保险产品，努力激发个人自我保障的积极性，为其提供更高的保障，满足多样化需求。在医疗服务领域，鼓励社会力量举办医疗机构，与公立医疗机构形成有效竞争格局，促使公立医疗机构提高服务质量和效率。二是要继续发挥好家庭在社会保障中的重要职能。现代社会保障制度无论在精神层面还是物质层面，都不会也不应该完全取代家庭的保障职能。在具有儒家文化传统的东方国家和地区，在发挥政府保障作用的同时，尤其要对家庭保障的作用给予重视和支持。在 20 世纪 90 年代，韩国老年人收入中来自子女的占44.3%，我国台湾地区占 53.2%，马来西亚有 72%的老年人与子女同住，菲律宾为 79%。家庭保障仍然发挥着重要作用。在推进社会保障制度建设的过程中，要注意通过适当的制度设计，实现传统保障与现代保障的优势互补，避免家庭保障责任的过度社会化。三是要大力推动慈善事业发展。通过完善对慈善机构和慈善捐助的税收优惠政策和财政补助政策，改革慈善组织的管理体制以及研究开征遗产税和赠与税以推动高收入阶层捐赠的积极性等措施，鼓励社会捐款，使慈善事业在支持社会保障及其他各项民生工作方面发挥出更大作用。

　　"多层次"还意味着在政府主导的基本保障体系内部，社会救助、社会保险和社会福利等不同的保障层次之间也要实现协调发展。受经济发展阶段的限制，在短期内我们还难以建立起像发达国家那样"福利＋保险主导型"的社会保障制度，但是社会主义制度内在的对公平正义理念的追求，意味着我们也不能像大多数发展中国家那样止步于"救济＋保险主导型"的社会保障模式，而是要适应中国国情建立起以必要的救济、健全的保险、适度的福利相结合的社会保障制度体系，保障人民群众的基本生活需要。为此，既要进一步加大社会救助力度，使最困难群体的基本生活能够得到妥善保障，也要加快健全社会保险制度，更有效地化解大多数社会成员的基本风险，同时加大社会福利事业发展力度，根据我国社会经济发展水平，积极推行针对老年、儿童、残疾人等特殊群体的福利，如老年人护理照顾、儿童营养、孤儿保障、残疾人康复等。

（五）建机制

　　"建机制"，就是改革完善社会保障运行机制和管理机制，

这对提高社会保障资金使用效率具有重要意义。机制建设具有根本性、稳定性和全局性。财政社保部门的同志不仅要努力保障好社会保障事业发展的资金需求并加强资金管理，还要积极参与和推动社会保障机制建设，做到增加投入与深化改革相得益彰，相辅相成，并有效激发业务主管部门的改革动力，提升社会保障服务机构转变机制的自觉性。

这次医改，各级财政为支持 2009—2011 年五项重点工作新增投入 8500 亿元。如何保证这么多的钱投下去之后能够产生预期的社会效益，是各级财政部门必须认真研究的问题。在参与医改的过程中，我深刻认识到，要推动医改方案各项重点工作的有效落实，发挥好财政部门支持医改的职能作用，关键是用财税政策促进医药卫生体制机制转变，为此我们积极推动奏响了机制转变的"四部曲"。第一部曲是综合改革。以实施基本药物制度为契机，统筹推进包括人事制度、收入分配制度、管理体制、补偿机制等在内的综合改革，规范基层医疗卫生机构的运行与发展机制。第二部曲是"多头补偿"。对基层医疗卫生机构取消药品加成后减少的收入，由先前的财政单家补偿，转变为采取机构内部消化、提高服务价格、医保基金补偿、财政补助等多种渠道共同补偿，建立基层医疗卫生机构多渠道补偿机制。第三部曲是科学定价。通过改革定价机制，解决基本药物价格虚高，招标采购机制不完善等问题，逐步实现基本药物最终销售价格由国家统一制定的目标。第四部曲是规范透明。通过修订医疗机构财务会计制度、加强医疗卫生机构绩效考核并将其逐步公开、推进政府卫生支出预算公开等措施，让医改资金的使用者切实感到有压力把医改资金花好。通过大力推动机制转变，有效增强了财政部门在医药卫生体制改革中"花钱买机制，花钱建机制"的话语权和主动性。在推进各项社会保障改革时，我们都应该秉持这样一种理念和思路。具体来讲，要在以下几方面有新的突破：

一是完善社会保障待遇标准调整机制及部分社会保障项目缴费标准调整机制。目前，社会保障待遇和最低工资等还没有建立起比较科学、明确的调整机制，调整的时机、幅度和频率存在着一定的主观性和随意性。为解决某些社会保障项目建立初期保障水平偏低的问题以及不同群体之间社会保障待遇衔接方面的矛盾，国家对社会保障待遇及缴费标准的调整一定时期内采取超常规的做法有其必要性。比如，企业职工基本养老金连续6年每年提高10％，新农合缴费和补助标准5年内翻了两番多，各地农村低保的保障标准提高得也很快。再以最低工资为例，2010年以来到7月份，已经有27个省份上调或打算上调最低工资标准。适时调整社会保障标准应该说非常必要，但怎样科学、合理、有序确定是一个值得重视和解决的大问题。从长期来看，为增强社会保障事业发展的可预见性，更好地稳定各方面预期，促进各项社会保障待遇政策之间的衔接，应尽快建立起科学合理的社会保障待遇自然增长机制，按照社会保障待遇水平协调性的要求，建立与人均GDP、物价水平、工资或收入水平、医疗费用增长水平等指标联动更加透明、更加科学的待遇调整机制，确保社会保障制度内部不同项目之间以及不同群体之间的待遇水平有机衔接。此外，还要建立起个人缴费与社会保险待遇的挂钩机制，激励参保人多缴多得。

　　二是继续大力推广政府购买服务机制。近年来，在各级财政部门的努力下，政府购买服务工作取得了显著进展，但无论是与进一步提高社会保障资金使用效率的客观要求相比，还是与发达国家情况相比，我们在购买服务方面的力度还很不够，机制还不健全。理论和实践都表明，社会事业领域的很多服务和产品是可以由非政府机构优质廉价提供的，不必由政府直接生产。政府购买服务与直接举办机构提供服务相比，既可以保证效率，也能够实现公平。很多国家近年来正在通过政府购买服务和外包等方式来改进社会服务的效率、生产率和消费者满意度。"十二五"时期要继续做好这项工作，在巩固和扩大基本医疗和公共卫生领域政府购买服务成果的同时，在政府购买养老服务、就业服务、社会保障经办管理服务等方面取得明显突破，努力做到"应买尽买"。

　　三是健全社会保障筹资机制。当前，我国社会保障筹资机制仍然存在一些突出问题。比如，筹资刚性不足，政府和个人、中央与地方筹资责任不够合理等等。"十二五"时期，有些制度如新农合、新农保等，受农民收入水平和农村生产方式等因素影响，以政府为主的筹资结构可能难以有重大调整。但是，我们有必要在强化筹资刚性、明晰中央和地方筹资责任等方面取得新进展。在中央和地方筹资责任方面，要着力解决大量社会保障事务中中央和地方共同负责而各自职责又不十分清晰的问题。比如，随着低保制度的逐步成熟，可考虑将中央财政的专项转移支付作为基数下划地方，完全由地方政府负担起低保筹资责任；要进一步健全救灾资金的分担机制，明确中央和地方在应对特大自然灾害时的支出责任等等。在健全筹资机制方面，还要继续通过划拨部分国有资本经营预算、扩大彩票发行等方式，充实和壮大全国社会保障基金。同时，建立和巩固财政社会保障投入稳定增长机制，进一步调整财政支出结构，加大对社会保障、医疗卫生等社会事业的支持力度，使社会保障支出在"十二五"时期继续保持较快的增长速度，占财政支出的比重有所提高。

四是完善社会保险基金保值增值机制。预计到 2010 年年底，我国五项社会保险基金的结余将达到 2 万亿元，其中仅养老保险基金就超过 1.4 万亿元。按目前的增长速度，"十二五"末期基金规模至少会突破 5 万亿元。如何在确保风险可控的前提下适当放开投资渠道，尽可能提高基金的回报率，是必须认真研究的一个问题。比如，能否向社会保险基金发行特种定向国债，能否将社会保险基金的一定比例投入到盈利前景好的大型基础设施建设等等。当然，完善基金保值增值要以一定的前提条件为基础，比如基金管理要进一步统一，不能分散在各个县市。同时，也可以引入适当的竞争机制。我在瑞典考察时了解到，其公共养老金基金是分为六个独立的基金来运作和投资的，以分散风险，促进相互竞争，提高投资回报率。

（六）顺体制

理顺社会保障管理体制，使其高效、顺畅运转，对社会保障制度的决策效率和运行效率有重要影响。近些年来，我们在理顺社会保障管理体制方面取得了较大进展。比如，1998 年将卫

生部负责的公费医疗职责、民政部负责的农村社会保险职责、原人事部负责的机构事业单位社会保险职责，劳动部负责的城镇企业职工劳动保险职责进行了整合，组建了劳动和社会保障部，2008 年将人事部与劳动社会保障部合并组建人力资源社会保障部，将食品药品监督管理局划入卫生部等。但目前我国社会保障管理体制仍有一些不顺之处，在统筹推进社会保障体系建设及做好各项社会保障政策之间，以及就业政策和社会保障政策之间的衔接方面还有不少可改进余地。从国际上看，由一个部门统一管理各项社会保障业务，以及推进社会保障具体经办管理工作的社会化，是社会保障管理体制发展的趋势。比如，日本在 2001 年将厚生省和劳动省进行整合，组建了厚生劳动省，统一负责社会保障、就业和医疗卫生事务。俄罗斯的卫生与社会发展部也是 2004 年在整合卫生部和劳动与社会发展部的基础上组建的，统筹负责卫生、社会保障、劳动就业以及消费者权益保护等多项职能。美国、德国也都将相关职能整合在统一的卫生和人类服务部或卫生与社会事务部。英国在 20 世纪 90 年代，通过《社会保障行政管理法》，将原来设立在社会事务部内部的经办机构改组为脱离政府的独立公益组织。美国的老年人医疗保险（Medicare）和医疗救助（Medicaid）两大制度，很多具体管理工作也是由政府外包出去进行管理的。20 世纪 90 年代以来，中东欧一些转型国家如爱沙尼亚、拉脱维亚、克罗地亚、匈牙利、俄罗斯、斯洛文尼亚等，为提高征缴效率，实行了社会保险费的税务征收等。

为适应行政管理体制改革和服务型政府建设的要求，提高社会保障管理服务效率，有必要进一步理顺我国社会保障管理体制。具体建议：一是尽快理顺医疗保障的管理体制。争取实现城镇职工医保、城镇居民医保、新农合、城乡医疗救助等各项医疗保障工作的统一管理。二是加快统一社会保险费征管体制。要尽快实现一个地区社会保险费征收主体的统一，同时进一步推动各项社会保险费的"五费合征"，实行税务机关征收社会保险费（税）。三是完善就业管理体制。要研究就业政策碎片化问题，切实改变就业政策多部门管理现状，统一就业政策管理。当前要重点解决培训政策政出多门、培训资金多头下达的局面。四是按照大部门制的思路推进社会保障行政管理体制改革。五是按照小政府、大社会的要求大力推进社会保障具体经办服务的社会化。在加强各类社会保障具体经办机构之间衔接并进行有效整合的基础上，进一步实现政事分离，管办分开。将社会保障的具体经办服务工作不再由政府下属机构负责，而是转移给社会中介机构、商业保险公司等社会力量或市场主体，以提高社会保险管理效率、完善社会保险制度运行的监督制约机制。

（七）严管理

各项社会保障政策能否最终落实好，各级政府投入的社会保障资金能否最大程度地惠及广大社保对象，切实做到"应保尽保"并有效杜绝骗保等问题，很大程度上取决于基础管理工作是否到位。近年来，社会保障基础管理工作取得明显进展，但是仍然存在一些薄弱环节。审计署对社保资金筹集、管理、使用情况进行的专项审计调查也发现了不少问题。国务院领导为此做出重要批示。对于我们这样一个发展中大国来说，面对收支矛盾十分突出的形势，加强资金管理、提高资金使用效益，与增加财政投入、壮大财政实力具有同样重要的意义和作用。因此，要切实把强化资金管理与增加资金投入放在同等重要的位置，全面提高社会保障基础管理水平，努力推进社会保障的科学化精细化管理。具体思考：一是要大力推进社会保障信息化建设。要加快社会保障信息网络向基层的延伸，基本实现对所有社区和村镇的全面覆盖，逐步建立起以个人为单位的社会保障信息系统，能够全面包含每个社保对象的相关必要信息。要逐步将各地区相对独立、各保障项目分别建立的信息系统整合为全国一体、涵盖各类保障项目的社会保障信息系统，为统一处理各项社会保险和社会救助业务提供信息技术支撑。要按照业务发展与横向信息交换的需要，加强社会保障信息系统与公安、税务、计生、公积金管理等其他相关社会信息系统的有效衔接和信息共享，进行信息资源整合，形成统一的公共服务平台。二是要严格社会保障待遇的资格审核和领报手续。要积极推广指纹认证系统及更先进的虹膜识别系统，为加强养老金、医保金、低保金、优抚金等社会保障资金的发放管理提供技术保障。加大救助性保障项目的收入核实力度，对申请人家庭正规就业收入、非正规就业收入及补偿性收入等进行全面核定。三是探索实行"以奖代补"政策。通过以奖代补，对管理工作规范的部门和地区给予适当奖励，进一步调动其做好基础管理工作的积极性。四是完善相关财务和管理制度。进一步规范社会保险基金预算编制办法，制定社会保险基金预算编制指导手册，推进建立社会保险基金预算信息管理系统，增强社会保险基金预算编制的准确性、科学性，不断提高社会保险基金预算编制水平。建立健全基金预算执行报告制度，及时反映和处理基金运行中出现的问题，保证基金安全有效运行。扩大预算编制范围，尽快将各项社会保险基金全部纳入社会保险基金预算管理，进一步强化社会保险基金的预算约束和财务管理机制，提高基金使用效益。修订和完善社会保险基金财务会计制度及医院财务会计制度。探索建立科学、合理的绩效考评办法，扩大绩效考评范围，强化对各级财政部门和主管部门的社会保障资金收支和管理活动的目标考核，将考核结果作为分配财政转移支付资金的重要因素，逐步实现社会保障资金绩效管理。深化部门预算改革，从严从紧编制各项支出预算，加强结余资金管理，加快预算执行进度，提高预算执行的均衡性和效率。五是要加强资金监管。要加快社会保障和医疗卫生资金的预算执行进度，强化预算执行分析，加强结余资金管理，提高预算执行的均衡性和效率，同时坚决杜绝违规开支和"突击花钱"行为。充分发挥人大、政协、审计部门以及社会的监督作用，确保各项社保政策让群众切实受惠。

（八）可持续

在推进社会保障制度建设的过程中，有一根弦务必要时刻绷紧，那就是要确保制度的长期可持续性。这是因为：首先，福利增长的内在刚性与经济增长的波动性之间存在一定矛盾。在经济高速增长时期，政府通常会大力推进社会保障制度建设，出台新的保障项目和大幅度提高待遇水平，但是在经济面临困难甚至陷入衰退时，削减保障项目和待遇水平却面临极大的社会阻力，导致社会保障支出占比越来越高，甚至超过社会承受能力。欧洲福利制度出问题，与其没有妥善处理好这一点有密切关系。1969年，也就是在欧洲国家福利建设高潮期，欧洲 15 国 GDP 占全球GDP 总量的 36％，到 2009 年则下降到 27％，蛋糕没有达到预想的规模，事先的承诺兑现起来自然困难重重，特别是一旦发生危机和衰退，必然引发剧烈的社会矛盾。改革开放以来，我国经济实力迅速壮大，GDP 在世界 GDP 总量中所占比重从 1978 年的 0.91％提高到 2009 年的 6.96％，GDP 年均增速近 10％，这为我国社会保障事业的迅速发展提供了坚实的物质基础。但在未来一段时期内，我们对经济增长速度可能适当放缓对社会保障制度建设的影响要保持必要警惕。其次，人口老龄化等外部因素对社会保障制度及我国经济增长也会带来严重挑战。到 2050 年，我国的人口结构将比美国更趋于老龄化，60 岁以上人口将占 33％，比美国高 7 个百分点。在当前 60 岁以上人口占总人口 12.5％的情况下，我们每年尚需为缴费率高达 28％的养老保险制度提供1600 多亿元的财政补贴，在人口老龄化高峰到来时，财政社保支出压力无疑会明显加大。第三，不断健全的社会保障体系在有效化解社会成员基本生存和发展风险的同时，也可能会带来另外的风险，比如，影响劳动者的工作积极性和创新精神，削弱经济增长的潜力；又如，保障水平的提高引发道德风险，使医疗费用等增速加快等。2009 年我国卫生总费用增长了 20.5％，占 GDP的比重由 4.6％上升到 5.1％，一年提高了 0.5 个百分点，这在改革开放以来是罕见的，也是难以持续的。

　　实现社会保障制度的可持续发展，一方面是要不断提高社会保障制度本身的运行效率，另一方面也要使社会保障制度建设有利于增进宏观经济运行和劳动力市场运行的效率。具体来讲，建议下一步要重点做好以下几项工作：一是进一步完善基本养老保险制度，合理确定其缴费率。目前，五项社会保险的缴费率相当于城镇职工工资水平的40%，甚至更高，其中仅养老保险即高达28%。我国养老保险缴费率不仅大大高于很多发展中国家，也要高于大多数发达国家。过高的缴费率给企业带来了比较沉重的负担，不利于保持和增强企业的国际竞争力，也在一定程度上加剧了企业和个人逃避社会保险缴费义务的现象，影响了社会保险覆盖面的进一步扩大。因此，应抓紧完善养老保险制度，有效降低过高的养老保险缴费率。虽然改革可能会在短期内增加政府的财政压力，但是从长期看，有利于减轻社会保险制度对经济运行和劳动力市场的扭曲，提升经济效率，促进经济增长，最终能够减缓财政压力。另一方面，也能够为人口老龄化高峰时对社会保险费率的必要调整留下一定空间。二是研究逐步提高退休年龄。随着生育率的下降和人口预期寿命的延长，人口老龄化形势日趋严峻，人口红利越来越少，逐步提高退休年龄对社会保险制度的长期发展是非常必要的。近年来世界很多国家都在着手提高退休年龄，如美国将退休年龄从65岁延长到67岁，澳大利亚则准备将女性退休年龄从63岁提高到65岁。有人可能担心提高退休年龄会进一步增加劳动力供给，使就业形势更加严峻。对此，我们一定要统筹考虑近期利益与长远利益，局部利益与全局利益，同时在具体实施过程中也要本着循序渐进的原则稳妥推进。

三是在社会保障制度设计中要进一步体现积极保障的理念。积极保障理念的核心就是对有劳动能力的个人，要采取有效措施尽可能帮助和促使他们就业以实现自我保障，并在就业的基础上享有社会保障。四是继续推进财政部门社会保险精算能力建设。通过加强精算能力建设，切实做好对社会保险基金收支的中长期预测预警工作，为及时调整完善相关政策提供技术保障。

　　除上述思考外，我还想强调一下进一步加强财政社保队伍建设问题。财政社会保障工作能否再上新台阶，关键取决于我们这支队伍的战斗力。我在不同场合多次强调：特别愿意给愿意干活的人干活。要把财政社保队伍建设成为一支政治合格、作风扎实、业务娴熟、团结进取的队伍。财政社保队伍要既能打阵地战，又要善打攻坚战，既要学会打堡垒战，又要擅长打遭遇战；财政社保队伍中的每个干部，做人要有精神，做事要有热情；做人要虚心，做事要细心。战略上举重若轻，藐视困难，胸怀攻坚克难的必胜信心；战术上举轻若重，不以善小而不为，注重细节，把政策措施想得更周全一些。财政社保队伍要完成"十二五"时期的各项艰巨任务，必须加强自身能力建设。要提高政策理论研究能力。既要会算好账，更要会出主意，出好主意，站在经济社会发展全局的高度，超前谋划提出分析深刻、切实可行、针对性强的真知灼见。要提高开拓创新能力。我国社会保障制度建立时间较短，仍处于改革和完善之中，新情况、新问题层出不穷，需要勇于开拓，敢于创新，不断推动理论创新、制度创新和管理创新。要提高危机处置能力。善于在非常条件下妥善应对各类突发性公共事件，沉着冷静，从容应对，预案要完善，行动要坚决，措施要果断，落实要有力。要提高沟通协调能力，加强与业务主管部门的协调沟通，讲大局、讲合作、讲协调，讲换位思考，建立良好工作关系，形成和谐工作氛围，争取广泛支持。要坚持不懈地抓好党风廉政建设，警钟长鸣，防微杜渐。

财政支持社会保障制度建设的思路和任务基本明确以后，各级财政社保部门一要结合本地实际，做好"十二五"时期财政支持社会保障发展的战略规划制定和政策储备工作；二要制定具体实施方案，将任务和责任细化，狠抓科学化、精细化管理，把每一项任务都完成好。

我们正处于一个伟大的变革时期。虽然任重道远，但只要我们尽心尽力并矢志不渝，切实践行科学发展观，努力创先争优，我们就一定能在实现经济发展方式转变的历史新跨越中，为推进我国民生事业大发展、促进和谐社会建设再立新功！

附表：

附表1-1 "十一五"与"十五"时期相比社会保障政策调整情况

政策	项目	政策调整
一、社会保险政策	1. 企业职工基本养老保险	（1）统筹层次提高到省级统筹 （2）出台基本养老保险关系转移接续办法 （3）开展事业单位养老保险制度改革试点 （4）自2006年起在天津等8省份开展扩大做实个人账户试点，自2007年起又将试点范围扩大到浙江和江苏部分地区 （5）2006—2010年连续5年调整企业退休人员基本养老金水平，全国退休人员基本养老金水平从2006年的816元提高到2010年的1350元
	2. 失业保险	（6）在沿海7省市开展扩大失业保险基金支出范围试点
二、社会救助政策	3. 自然灾害生活救助	（7）将春荒、冬令救济项目合并为冬春受灾群众临时生活困难救助项目 （8）增设旱灾救助项目、因灾遇难人员家属抚慰项目和过渡性生活救助项目 （9）针对汶川、玉树等特大地震实施临时生活救助政策 （10）逐年提高了各项自然灾害生活救助项目的中央补助标准
三、优抚安置政策	4. 抚恤补助	（11）逐年提高优抚对象抚恤和生活补助标准
	5. 1—4级残疾士兵购（建）房补助	（12）提高了中央财政对1—4级残疾士兵购（建）房补助标准至每人5.5万元
	6. 优抚对象医疗补助	（13）大幅增加了优抚对象医疗中央财政补助资金

政策	项目	政策调整
四、公共卫生政策	7. 重大公共卫生服务项目	(14) 以面向需方为主的重大公共卫生服务项目，如贫困白内障患者复明、农村孕产妇住院分娩补助等，投入力度进一步加大，覆盖面逐步由试点或项目地区扩展到中西部所有地区甚至全国，使更多群众受益 (15) 部分项目，如扩大国家免疫规划、艾滋病防治等项目，增加了免费提供服务的内容，使群众更加受益 (16) 新增部分重大疾病防治项目，如疟疾、包虫病、麻风病等防治项目，进一步提高艾滋病、结核病、血吸虫病等重大疾病防治项目补助水平，进一步减轻重大疾病患者的就医负担
五、就业政策	8. 税收优惠政策	(17) 延长审批期限
	9. 社会保险补贴政策	(18) 将享受补贴的企业范围由服务型企业扩大为吸纳就业困难人员的各类企业 (19) 社会保险补贴项目由养老和医疗保险扩大到养老、医疗和失业三项保险
	10. 职业技能鉴定补贴	(20) 对就业困难人员、进城务工的农村劳动者，通过初次职业技能鉴定，取得职业资格证书的，给予一次性职业技能鉴定补贴
	11. 特定就业政策补助	(21) 各级人民政府对国有困难企业与下岗职工解除劳动关系给予的经济补偿金补助和为国有困难企业"4050"下岗职工缴纳社会保险费给予补助的政策。其中经济补偿金补助政策执行到 2008 年年底，社会保险费补助政策的执行期限不超过 2011 年年底
	12. 小额担保贷款	(22) 对个人的小额担保贷款额度由最高不超过 2 万元调整为 5 万元，对劳动密集型企业的贷款额度由最高不超过 100 万元调整为 200 万元 (23) 拓宽贴息资金使用渠道，安排部分资金支持完善担保基金的风险补偿和贷款奖励机制

附表1-2 "十一五"与"十五"时期相比社会保障政策适用范围扩大情况

政策	项目	扩大范围
一、社会保险政策	1.城镇职工基本医疗保险	将未参保关闭破产国有企业退休人员全部纳入职工基本医疗保险制度，统筹解决包括关闭破产集体企业退休人员和困难企业职工等在内的其他各类城镇人员医疗保障问题
	2.新型农村合作医疗	实现全覆盖
二、社会救助政策	3.城市医疗救助	实现全覆盖
	4.农村医疗救助	实现全覆盖
	5.自然灾害生活救助	针对2008年低温雨雪冰冻灾害导致铁路、公路上滞留人员较多的突出问题，及时会同民政部将铁路、公路上滞留人员纳入紧急转移安置救助范围；同时，明确将农垦企业、华侨农场、国有林场辖区的受灾农业户口人员倒损房屋，按照属地管理的原则纳入当地民政工作救助范围；另外，将洪涝等灾害损房纳入中央补助范围，并对高寒地区倒损住房重建实施较高的中央补助标准
三、优抚安置政策	6.抚恤补助	2006年将带病回乡退伍军人、新中国成立前入党的农村老党员和未享受离退休待遇的城镇老党员纳入抚恤补助范围，2007年将在农村的和城镇无工作单位且家庭生活困难的参战退役人员、部分原8023部队及其他参加核试验军队退役人员参参试人员纳入补助范围
	7.退役士兵安置	将退役士兵培训补助范围扩大到包括农村退役士兵在内的城乡退役士兵
四、公共卫生政策	8.重大公共卫生项目	农村改水改厕、消除燃煤型氟中毒危害、贫困白内障患者复明、农村孕产妇住院分娩补助、扩大国家免疫规划等大多数重大公共卫生服务项目实施范围进一步扩大、补助标准进一步提高、补助内容进一步增加等

政策	项目	扩大范围
五、就业政策	9. 社会保险补贴	由持《再就业优惠证》人员扩大为就业困难人员，不再按所有制划分，所有符合条件的人员都可享受政策。对符合条件的从事灵活就业人员，也可享受社会保险补贴
	10. 公益性岗位补贴	由持《再就业优惠证》中的就业困难人员扩大为就业困难人员
	11. 培训补贴政策	由城镇就业转失业人员和国有企业下岗职工扩大到登记失业人员、进城求职的农村劳动者、登记求职的高校毕业生
	12. 免费职业介绍	免费介绍范围由城镇登记失业人员和国有企业下岗职工扩大为所有求职者
	13. 小额担保贷款贴息	由持《再就业优惠证》人员扩大为持《再就业优惠证》人员、城镇复员转业退役军人、城镇登记失业人员、就业困难人员、登记求职高校毕业生
	14. 收费减免政策	由持再《再就业优惠证》人员扩大为登记失业人员、残疾人、退役士兵以及毕业 2 年以内的普通高校毕业生

附表 1-3　"十一五"与"十五"时期相比社会保障新增项目情况

政策	项目
一、社会保险政策	1. 城镇居民基本医疗保险
	2. 新型农村社会养老保险试点
	3. 事业单位养老保险试点
二、社会救助政策	4. 农村最低生活保障
	5. 农村危房改造
	6. 一次性生活补贴（一次性一年项目）

政策	项目
三、社会福利政策	7. 重度精神、智力残疾人托养
	8. 孤儿保障
	9. 贫困儿童抢救性康复
	10. 残疾人机动车用油补贴
	11. 全国残疾人运动会定额补助
四、优抚安置政策	12. 带病回乡退伍军人、参战参试人员生活补助
	13. 新中国成立前入党的农村老党员和未享受离退休待遇的城镇老党员生活补贴
	14. 伤病残军人安置
	15. 在乡抗日老战士一次性生活补助（一次性一年项目）
五、公共卫生政策	16. 基本公共卫生服务
	17. 部分重大公共卫生服务项目（农村妇女孕前和孕早期补服叶酸、15 岁以下人群补种乙肝疫苗、农村妇女两癌检查、疟疾、包虫病、麻风病防治、乡镇卫生院招聘执业医师、农村订单定向培养免费医学生项目）
六、就业政策	18. 职业技能鉴定补贴
	19. 灵活就业人员社会保险补贴

附表1-4 "十一五"时期主要社会保障项目覆盖人数变化情况

项目 \ 年份	"十五"期末(2005年)	2006年	2007年	2008年	2009年	2010年	年均增长(%)	较"十五"期末增长(%)
1.基本养老保险（亿人）	1.57	1.68	1.81	1.98	2.14	2.31	8.33	47.12
2.基本医疗保险（亿人）	1.30	1.45	1.67	1.88	2.06	2.1	9.62	61.43
3.失业保险（亿人）	1.06	1.11	1.16	1.23	1.27	1.3	3.94	22.27
4.工伤保险（亿人）	0.81	0.94	1.14	1.30	1.40	1.51	12.50	87.21
5.生育保险（亿人）	0.52	0.62	0.76	0.91	1.05	1.15	16.55	119.57
6.新农保（万人）	—	—	—	—	5199	10398		
7.新农合（亿人）	1.79	4.1	7.26	8.15	8.33	8.34	19.43	365.92
8.城镇居民医保（亿人）	—	—	0.43	1.18	1.82	1.85	62.76	
9.城市低保（万人）	2234	2240	2272	2335	2348	2307	0.72	4.52
10.农村低保（万人）	—	—	3566	4305	4759	5007	11.98	
11.城市医疗救助（万人次）	163	211	564	1443	2017	2820	91.20	1630.06
12.农村医疗救助（万人次）	—	1823	3565	4344	5236	6120	35.36	
13.农村五保供养（万人）	328	503.3	531.1	548.6	554.3	560	2.70	70.73
14.自然灾害生活救助（万人次）	5097.1	4981.7	6000	6184	8489	9000	15.94	76.57
15.危房改造（万户）	—	—	—	4.33	100	211	598.07	

项目＼年份	"十五"期末（2005年）	2006年	2007年	2008年	2009年	2010年	年均增长（%）	较"十五"期末增长（%）
16. 抚恤优待（万人）	462.4	457	616.7	620.3	618.8	620	7.92	34.08
17. 城镇新增就业	970	1184	1204	1113	1102	1220	0.75	25.77
18. 下岗失业人员再就业	510	505	515	500	514	515	0.49	0.98
19. 就业困难人员再就业	130	147	153	143	164	170	3.70	30.77

注：2010年数据中，农村低保人数和城市低保人数为2010年6月统计数字，其余数字为预计数。

附表1-5 "十一五"时期部分社会保障项目待遇水平增长情况

项目＼年份	"十五"期末（2005年）	2006年	2007年	2008年	2009年	2010年	年均增长（%）	较十五期末增长（%）
1. 基本养老金标准（元/月）	711	816	926	1054	1188	1350	13.41	89.87
2. 新农保待遇标准（元/月）	—	—	—	—	70	80	14.29	—
3. 新农合筹资标准（元/年）	30	50	50	100	100	150	37	300.00
4. 城市低保补助水平（元/月）	72	84	103	144	159	168	18.47	133.33
5. 农村低保补助水平（元/月）	—	—	39	50	57	62	16.71	—

项目 ＼ 年份	"十五" 期末 （2005年）	2006年	2007年	2008年	2009年	2010年	年均增长（%）	较十五期末增长（%）
6."五保"供养标准（元/年）	1064	1225	1416	1900	2215	2582	20.49	142.67
7. 残疾军人等优抚对象的残疾抚恤金（元/年）	11200	14560	18900	22680	26080	28690	20.70	156.16
8.CPI（以1978年为基数）	464	471	493.6	522.7	519	—	3.29	11.85
9.城镇在岗职工平均工资水平（元）	18200	20856	24721	28898	32736	—	16.22	
10. 城镇居民家庭人均可支配收入（元）	10493.0	11759.5	13785.8	15780.8	17174.7	—	13.46	—
11.农村居民人均纯收入（元）	3254.90	3587.00	4140.40	4760.60	5153.00	—	12.83	58.32

　　注：残疾军人抚恤金为一级因战残疾军人的抚恤金标准，其他各级残疾军人抚恤金标准不同，但是提高幅度是一样的。

附表1-6 "十一五"时期应对突发事件政策出台情况

突发事件	出台的政策
1. 南方部分地区雨雪冰冻灾害	(1) 明确紧急转移安置补助资金使用范围。针对灾害导致铁路、公路上滞留人员较多的突出问题，及时会同民政部将铁路、公路上滞留人员纳入紧急转移安置救助范围 (2) 提高倒塌房屋恢复重建补助标准。为帮助受灾贫困家庭倒塌房屋恢复重建，中央财政将农村低保户、分散供养五保户和困难户的补助标准，由每户补助3000元提高到5000元 (3) 明确将农垦企业、华侨农场、国有林场辖区的受灾农业户口人员倒损房屋，按照属地管理的原则纳入当地民政工作救助范围 (4) 增加低保对象临时补助资金，对7个重灾省份，按城市低保对象每人每月15元、农村低保对象每人每月10元连续发放3个月的临时补贴 (5) 对夏接秋期间，9个重灾区需临时救助人口增加2个月临时生活困难救助补助资金 (6) 中央财政安排4亿元，对受灾地区县、乡医疗卫生机构因灾倒损房屋重建修复、受损药物器械及大型设备购置给予补助
2. 汶川地震	(1) 对因灾"三无"人员（无房可住、无生产资料和无收入来源的困难群众），每人每天补助10元钱和1斤成品粮；对因灾造成"三孤"人员，每人每月补助600元；受灾的原"三孤"人员补足到每人每月600元；补助期限为3个月 (2) 在3个月临时生活救助政策到期后，对汶川地震重灾区四川、甘肃、陕西三省的"三孤"人员、生活困难的遇难（含失踪）者、重伤残者家庭人员、异地安置人员以及因灾住房倒塌或严重损坏且生活困难的受灾群众继续给予后续生活救助，9月至11月期间每人每月发放补助资金200元 (3) 对地震灾区房屋倒塌或严重损坏、无家可归的农户重建住房，原则上中央财政按每户平均1万元的标准补助，对其他损房农户给予适当补助 (4) 通过政府组织建设安居房、加大廉租住房建设力度等方式解决灾区城镇居民住房问题 (5) 根据国务院抗震救灾总指挥部决定，对因灾遇难人员家庭按每位遇难者5000元的标准发放抚慰金 (6) 为缓解物价上涨对城乡低保对象生活的影响，从7月份起对城市低保对象按每人每月15元、农村低保对象按每人每月10元的标准提高补助水平，并对四川、甘肃、陕西三个重灾区给予适当倾斜 (7) 要求接收四川地震灾区伤病人员的有关省（市）卫生、民政、财政部门要全力救治伤病人员。对收治四川地震灾区伤病人员的医院，按接收伤病人员数量，平均每人28000元给予医疗费用补助

突发事件	出台的政策
	(8) 妥善做好伤病人员和随同陪护人员的管理及出院返程安排，帮助解决救治期间的实际困难 (9) 做好伤病人员及随同陪护人员返川的送、接等有关工作。同时规定，上述补助经费及接送伤病人员和随同陪护人员返川发生的费用从各接收地省级民政部门接受的抗震救灾社会捐赠资金中解决，捐赠资金如有不足，由各省级财政安排经费帮助解决 (10) 中央财政共安排 9.92 亿元用于四川地震伤员救治资金以及卫生防疫（含综合财力补助资金 2 亿元）
3. 玉树地震	(1) 从灾害发生之日起，对因灾无房可住、无生产资料和无收入来源的困难群众，每人每天发放 10 元补助金和 1 斤成品粮；对因灾造成的"三孤"（孤儿、孤老、孤残）人员，每人每月补助 600 元，补助时间为 3 个月；青海省、四川省可根据当地特殊情况适当提高"三孤"人员补助标准 (2) 在 3 个月临时生活救助政策到期后，对玉树地震青海、四川两省受灾地区困难群众继续给予后续生活救助，即对"三孤"人员、生活困难的遇难（含失踪）家庭和重伤残者家庭人员、异地安置人员、因灾住房倒塌或严重损坏且生活困难的受灾群众，每人每天发放 10 元补助金和 1 斤成品粮，后续生活救助时间为 2010 年 7 月中旬（临时生活救助政策结束后）至 10 月中旬，共计 3 个月；青海省、四川省可根据实际情况适当提高"三孤"人员、生活困难的遇难（含失踪）者家庭和重伤残者家庭人员的补助标准 (3) 全力救治伤病人员，妥善解决医疗费用，中央财政对收治青海转外省伤员的医院，按平均每人 2.4 万元给予医疗费用补助 (4) 中央财政按照青海转外省伤病人员平均每人 2000 元的标准，对伤员、陪护人员的就餐交通费用给予补助。并明确上述补助经费如有不足，由接收地省级财政安排经费帮助解决
4. 婴幼儿奶粉事件	(1) 各级各类医疗机构对所有因食用含三聚氰胺婴幼儿奶粉的婴幼儿一律实行免费诊治 (2) 医疗救治费用实行医疗机构先垫付、后结算的办法 (3) 国家有关部门对事故原因进行调查，事故责任查明后，医疗救治费用由相关责任主体依法按规定赔偿和结算 (4) 对医疗机构开展医疗救治所需必要的设备购置等费用，由同级财政安排资金予以保障 (5) 明确了财政承担的费用范围及内容 (6) 明确了费用结算原则、结算办法和程序 (7) 中央财政安排 12.7 亿元支持婴幼儿奶粉事件相关工作

突发事件	出台的政策
5.甲型H1N1流感	(1)明确要求各地要高度重视甲型H1N1流感防控经费保障工作 (2)明确要求各省要及时落实疫苗及接种相关经费,中央财政对中西部地区的疫苗及注射器购置给予补助 (3)积极支持加强医疗救治能力建设 (4)切实保障药品有偿调用和储备所需资金 (5)妥善解决疫情监测等相关费用 (6)努力加强资金管理和监督 (7)明确了甲型H1N1流感医疗救治费用等政策。主要包括:①已参加城镇职工基本医疗保险、城镇居民医疗保险和新型农村合作医疗制度的甲型H1N1流感患者(包括疑似病例和确诊病例)和发热(≥37.5℃)或急性呼吸道症状的人员到甲型H1N1流感定点医疗机构进行医学排查和治疗,其发生的医疗救治费用通过上述三种制度按照规定予以报销。尚未参加上述制度的患者或经上述制度报销后,个人医疗救治费用负担仍较重的贫困患者,可通过城乡医疗救助制度帮助解决。基本医疗保险和新农合经办机构要按规定及时支付医疗救治费用,并做好与当地民政部门医疗救助工作的衔接。境外人员在我国境内发生的医疗救治费用由境外人员自行承担。②医疗卫生机构承担政府指定医学观察或随访任务发生的相关费用以及本通知下发前垫付的患者医疗救治费用,由各地结合实际情况妥善解决 (8)中央财政共安排22.5亿元支持甲型H1N1流感疫苗购置、疫情监测以及救治能力建设
6.国际金融危机	(1)制定出台了"五缓四降三补贴两协商一开口"的政策,即允许困难企业在一定期限内缓缴基本养老保险等5项社会保险费、阶段性降低失业保险等4项社会保险费率、使用失业保险基金帮助困难企业稳定就业岗位等 (2)制定做好高校毕业生就业的政策措施,鼓励高校毕业生面向基层、中西部地区和中小企业就业,鼓励骨干企业和科研项目吸纳和稳定高校毕业生就业,鼓励和支持高校毕业生自主创业,建立和完善困难高校毕业生援助制度 (3)制定做好农民工工作的政策措施,包括采取多种措施促进农民工就业,加强农民工技能培训和职业教育,支持农民工返乡创业,确保农民工工资按时足额发放,做好农民工社会保障和公共服务,保障返乡农民工土地承包权益等 (4)实施特别培训计划,对失业返乡农民工开展实用技能培训,对城镇失业人员(包括在城镇继续找工作的失业农民工)开展就业技能培训,对农村应届初、高中毕业生未能继续升学的人员开展劳动预备制培训

附表 1-7　"十一五"时期财政社会保障、医疗卫生支出情况

（单位：亿元）

项目		"十五"时期合计	2006年	2007年	2008年	2009年	2010年	"十一五"时期合计	"十一五"比"十五"增长（％）
全国财政	财政总支出	128023	40423	49781	62593	76300	84530	313200	144.64
	扣除赤字安排的支出后财政总支出		37473	47781	60793	66800	74030	286877	
	社会保障总支出	14361	4362	5447	6804	8333	9180	34126	126.31
	其中：1.财政对社会保险基金的补助	2451	889	1275	1631	1793	2070	7657	212.38
	2.就业补助	408	345	371	415	506	576	2213	441.76
	3.城市居民最低生活保障	685	241	296	412	518	614	2081	203.76
	4.自然灾害生活救助	243	71	92	357	120	131	770	216.33
中央财政	社会保障总支出	6665	2023	2302	2744	3848	4575	15492	132.44
	其中：1.财政对社会保险基金的补助	2304	774	974	1127	1326	1651	5853	153.98
	2.就业补助	194	234	238	252	391	397	1513	679.61
	3.城市居民最低生活保障	375	136	160	269	359	364	1288	243.50
	4.自然灾害生活救助	174	51	60	211	80	107	509	192.62
全国财政医疗卫生支出		3874	1320	1990	2757	3994	4439	14500	274.04
中央财政医疗卫生支出		296	138	664	827	1273	1389	4292	1351.81

注：表中 2010 年为预测数。

附表1-8 "十一五"时期社会保险基金收支余情况

（单位：亿元）

保险基金项目	年份	"十五"期末(2005年)	2006年	2007年	2008年	2009年	2010年	年均增长率(%)	"十一五"期末与"十五"期末相比(%)
企业职工基本养老保险基金	收入	4489.10	5658.45	7007.55	8748.24	10343.11	11998.46	20.67	267.28
	支出	3500.02	4295.67	5152.15	6499.35	7871.78	9466.25	21.84	270.46
	滚存结余	3571.18	4962.82	6829.88	9083.64	11574.47	14106.68	29.84	395.01
基本医疗保险基金	收入	1339.48	1672.81	2120.07	2781.93	3297.13	4133.02	25.37	308.55
	支出	1026.41	1213.72	1499.85	1947.49	2513.62	3376.64	29.15	328.98
	滚存结余	1233.00	1697.94	2329.43	3162.37	3948.81	4705.19	29.02	381.61
失业保险基金	收入	340.34	402.48	471.58	585.50	580.13	620.89	11.45	182.43
	支出	206.85	198.01	218.23	255.41	365.22	433.92	21.67	209.77
	滚存结余	518.96	724.84	980.13	1309.86	1524.62	1711.60	23.96	329.82
工伤保险基金	收入	85.62	117.55	157.24	205.43	227.34	267.56	22.83	312.50
	支出	44.22	62.97	81.86	119.04	145.61	188.85	31.59	427.06
	滚存结余	158.51	213.06	287.92	374.26	456.00	534.71	25.86	337.33
生育保险基金	收入	42.39	62.75	83.77	115.15	135.14	157.46	25.86	371.43
	支出	27.25	38.25	57.87	74.44	92.82	107.07	29.35	392.95
	滚存结余	70.83	97.05	123.02	163.73	206.04	256.43	27.49	362.03

注：表中2010年为预测数。

加大财税政策支持力度
推动医改工作深入开展①

　　如果将医药卫生体系比作人体，那么经济政策就相当于人体中的循环系统，为医疗卫生体系不断提供并输送着氧气和各种养料，保证其正常有序运转，并向健康方向发展。因此，可以说，经济政策不仅是医改的重要组成部分，还是医改的关键政策之一，其科学性和有效性将在很大程度上影响医改的得失和成败。

　　经济政策的核心是配置资源。美国著名卫生经济学家舍曼·富兰德（Sherman Folland）指出：卫生经济政策研究的核心是资源如何向卫生行业分配，以及卫生行业内部的资源如何配置的问题。由于经济政策涉及的范围较广，限于篇幅，本部分探讨的重点是其中的主要组成部分——财税政策。

① 本部分系根据笔者 2010 年 5 月在国家行政学院举办的省部级医改专题研讨班上的讲课提纲整理而成，有改动。

一、"把基本医疗卫生制度作为公共产品向全民提供", 是这次医改财税政策的基石、精髓和总括

（一）什么是医改中的财税政策

不少学者将其概括为：医改财税政策就是在给定卫生投入规模的情况下，社会效益的最大化；或在给定社会效益目标的情况下，卫生投入规模的最小化。再通俗一些，就是医疗卫生领域的钱"从哪里来、到哪里去、效果如何"。用一个最简单的公式表示，就是"投入⋛效益"（见图 2-1）。

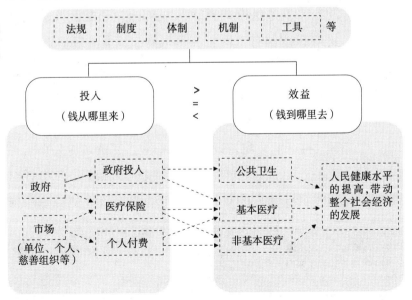

图2-1 投入⋛效益

　　"投入"指的是所筹集和投入医疗卫生领域的资源，也就是"钱从哪里来"，主要包括政府和市场两个来源。其中政府投入包括政府直接投入和税收优惠等内容，市场投入包括单位缴费、个人缴费、慈善组织捐赠等。政府和市场的投入，以政府投入、医疗保障基金筹资和个人付费三种方式具体体现。需要说明的是：它不仅涉及谁来出资，有多少资金可供使用，而且涉及谁来运作资金，风险如何分摊以及医疗费用能否被控制等诸多问题。

　　对卫生资源的配置使用也就是"钱到哪里去"，主要包括公共卫生、基本医疗卫生服务、非基本医疗卫生服务等领域。其"效益"有微观、中观、宏观效益之分，这里我们所讲的是宏观效益，是指对整个社会中卫生资源的合理配置和使用所能产生的整体社会效益。它代表一国医改财税政策的价值取向，体现卫生事业的性质。目前大部分国家都将维护群众基本健康权益，促进医疗卫生事业的公平性和公益性，从而提高国民整体健康水平，作为卫生事业发展的目标和卫生资源投入效益的衡量标准。

　　"$\gtreqless$"表示，一种财税政策下，卫生资源投入与产出的社会效益可能有三个结果。">"表示产出的社会效益小于投入的资源，取得的是负的净效益（净效益＝效益-投入），浪费了社会资源，这样的财税政策是不合理的，不是我们所希望的。"≤"代表财税政策产出的社会效益大于或等于投入的社会资源，取得的是正的净效益（至少是零），是一种帕累托改进，促进了整个社会经济的发展。因此，医改财税政策制定的目标就是要取得"投入≤效益"公式的成立，减少负效益和不合理性，增强其正效益和合理性，使医改财税政策这一公共政策对社会经济发展起促进作用。

笔者想强调的是：由于技术进步、老龄化加速、期望值增加等诸多因素的影响，从总体上看，资金供给滞后于服务需求是常态。

（二）医改财税政策制定的出发点和实施的落脚点是处理好三个关系

医药卫生工作中供方与需方之间交换的，是一种涉及生命的特殊商品，不同于一般商品交换，存在市场失灵。这是其一。其二，医疗保障相对于其他社会保障项目而言，又是最为复杂的。这主要是因为，其他社会保障项目筹集资金后，获益者得到的也是资金，只是资金多少而已。但医疗保障获益者得到的不是资金，而是由供方提供的服务，服务有质量高低之分，又有环节多少之别，更有阴差阳错的可能。其三，医疗费用弹性很大。保障性住房、养老、低保、基础教育的数量和成本都比较确定，容易测量，也易于监管。唯独"病"越"治"越多，医疗卫生机构对医疗费用的多少起重要作用。基于上述三点，要使医改财税政策取得"投入≤效益"的效果，提高决策的科学性和贯彻落实的有效性，笔者理解，政策的出发点和落脚点是要处理好以下三个方面的关系：

1. 政府与市场的关系

从公式的左边来看，卫生资源的来源主要有两个，政府和市场。是由政府主导还是由市场主导来筹资，也就是如何处理医疗卫生领域政府与市场的关系，才能取得最大化的社会效益，是世界各国长期以来都致力研究解决的重大课题。用经济学理论来分析，一方面，根据市场失灵理论，"市场不是万能的"，尤其在医疗卫生领域，公共产品、外部性、垄断、信息不对称、不确定性等市场失灵现象较为突出，完全由市场筹资与提供服务，会使卫生资源的配置"跟着钱走"而不是跟着社会成员的医疗需求走，不能产出好的社会效益，因此需要政府干预，纠正市场失灵；另一方面"政府也不是万能的"，政府在筹集和配置卫生资源中也可能会产生腐败和低效率，还需发挥市场机制配置资源的基础性作用，纠正政府失灵。总而言之，就是要防止走向两个极端，政府既不能大包大揽，也不能完全放任市场，要将政府与市场有机结合起来。

从国际范围看，对于如何处理好政府和市场的关系，并没有一个统一的模式，但总的方向是政府与市场有机结合。原本已经高度竞争性、高度市场化的市场主导型国家，开始更多地引入管理和计划；而计划和管理本来就比较强的政府主导型国家也开始引入市场机制，走向"有管理的市场化"。

2. 公平与效率的关系

从公式的右边来看，包括卫生资源配置的过程本身和配置的结果两个层面。首先，从配置的结果来说，就是要实现提高人民健康水平的目标，包括"公平"和"效率"两个方面的含义。一方面，要促进医疗卫生的公平性和可及性，推动实现"人人享有基本卫生保健"。仅仅某部分人群或者某个地区人群健康水平的提高，既不够"公平"，也很难带动整个经济社会的发展，并不能称之为取得了好的社会效益。只有全体人民群众健康水平提高了，才算是实现了"公平"，才能对整个经济社会的发展起到更好的促进作用。因此，有必要加大对群体之间、地区之间、劳资之间、代际之间享受的医疗卫生资源的调控力度，更加合理地"分配蛋糕"，实现"阳光普照"，确保全体人民能够方便、快捷地享受到质优价廉的基本医疗卫生服务。另一方面，要体现"多缴多得"。要通过制度设计，让多缴费者享有较高水平的医疗保障，满足群众多元化的医疗卫生需求，调动各方面投入医疗卫生领域的积极性，做大医疗卫生事业的"蛋糕"，群众健康水平才能进一步提高。其次，资源配置过程本身也要实现公平与效率的统一。政府在配置卫生资源时起主导作用，主要是为促进公平性，但也要合理、有效地配置资源，提高卫生资源利用率和综合服务能力，降低管理和运行成本，达到资源的优化配置。发挥市场作用主要是为促进效率，但市场中各种慈善组织的发展，对促进公平性也起积极作用。如美国慈善组织所控制的基金总额占GDP的30%多，有效缓解了美国政府在维护公平性上的不足。

3. 激励与约束的关系

从公式中关系符号"≧"来看，要使既定投入取得最大化的社会效益，促使相关利益主体积极发挥主观能动性，提高制度运行效率，就必须设定科学的激励约束机制，即"将个人的自利和人们之间的互利统一起来，使得每个人在追求其自身利益的同时，达到制度设计者所想要达到的目标和结果"，从而促进整个社会资源的有效配置。如果改革的制度设计不能妥善解决信息不对称下的激励约束问题，不能对医疗服务领域实行有效监管和规制，就难以取得良好的社会效益。因此，科学的制度设计是医疗改革中非常关键的内容。一是通过政治、经济（财税）方面的激励和约束，鼓励各级政府和社会各方加大卫生投入。二是激励和约束服务提供方采取最具成本效益的干预和治疗手段，即根据医生的专业技术知识，在不降低服务效果和质量的前提下，选择成本效益最佳的治疗方案，使用合理的药物，提供适度的、有利于患者的服务。三是通过改革支付方式可以激励医生改变工作的时间总量、单位时间接诊的患者数量以及工作地点，甚至他们治疗一个特殊患者的方式（是否实施手术）。四是激励医保经办机构代表患者强化对医疗服务提供方的监督管理，提高医疗保障基金使用效益。五是约束需求方最合理地利用医疗卫生服务，特别是在第三方付费的体制下，避免对服务的低效滥用。这就不仅仅涉及卫生筹资政策，还涉及费用支付政策、医疗卫生机构补偿政策、绩效评价管理政策等。不难看出，各项制度之间需要综合配套，才能发挥合力。随着激励约束制度的建立，政府、医生、患者和制药企业等医疗卫生行业的主体将在科学、规范、合理的制度框架下追求自身利益，同时又会自动促进社会目标的实现，实现社会效益的最大化。

（三）"把基本医疗卫生制度作为公共产品向全民提供"是我国医改财税政策的根本性制度创新

回顾我国医改财税政策的演变历史，在处理"三大关系"方面经历了不断探索、不断完善的过程。在计划经济体制下，国家对医疗服务和药品价格实施严格的计划管理，医疗卫生领域基本

由政府主导。在经济发展水平较低、医疗卫生资源相对短缺的情况下，这种做法在为大多数城乡居民提供最基本的健康保障、促进医疗卫生的公平性方面取得了积极成效。但也存在着医疗卫生资源有限，供给不足，效率不高，缺乏激励机制等问题。改革开放以来，为克服计划经济时期医疗卫生领域的种种弊端，在国家实行放开搞活的整体改革背景下，医疗卫生领域也开始放权让利，更多通过增加服务项目和服务收费促进发展。这对扩大医疗服务供给、提高医疗机构效率发挥了一定作用，但由于缺乏有效的管控措施，也助长了医疗卫生机构更多的趋利行为和盲目发展，开大处方、滥检查等过度医疗和乱收费等现象越来越严重，医疗费用快速上涨，加重了人民群众的负担。

此次医改中，党中央、国务院创造性地提出了"把基本医疗卫生制度作为公共产品向全民提供"这一论断，是我国卫生事业发展从理论到政策的重大创新，是贯彻落实科学发展观、促进基本公共服务均等化、推动和谐社会建设的重大决策，是正确处理上述"三大关系"，制定科学合理高效的医改财税政策的基石和指导思想，也是我国这次医改财税政策的精髓与总括。

1．"基本医疗卫生制度"中的"基本"较好地处理了政府与市场的关系

"基本医疗卫生制度"强调"基本"，即要求合理划分"基本医疗卫生服务"和"非基本医疗卫生服务"。"基本"医疗卫生服务具有公共产品和准公共产品的性质，主要由政府提供，同时引入市场机制；"非基本"医疗卫生服务则要由市场解决。所谓"基本"，就是"公共卫生"加"基本医疗"。当然，"基本"的内涵

是随着社会经济发展水平不断发展变化的。我国目前还是一个中低收入国家，尽管经济总量已在世界排名第二位，但人均GDP仍然在100位左右。再者，一般发展中国家财政收入占GDP的比重平均在35%，发达国家平均在45%，而我国仅占20%左右，加上政府性基金等各种非税收入以及社会保障基金，也不过占到GDP的30%左右。因此，目前提供的基本医疗卫生服务还是低水平的，随着社会经济的发展和国力的增强，保障水平会逐步提高，保障项目会逐步增加。

2."基本医疗卫生制度"中的"制度"为处理好公平与效率的关系指明了方向

之所以在"基本医疗卫生"后加"制度"二字，主要是区别于"基本医疗卫生服务"本身，强调的是，由公共财政保障的公共产品是关于公共卫生、医疗服务、医疗保障等诸多方面基本制度的总和，明确了处理好公平与效率关系的方向。疾病是一种健康风险，从风险分担的角度看，"制度"的核心是：第一，"制度"覆盖全体国民，不分城乡、地域，凡我国国民，人人均可享有"基本保障"，促进了医疗卫生的公平性和可及性。第二，"基本保障"由"国家基本保障＋雇主基本医疗保险缴费＋个人基本医疗保险缴费＋个人自付费用"组成。个人收入越少越是以国家基本保障为主。对于城乡困难群众，其个人基本医疗保险缴费和个人自付费用，可通过医疗救助制度帮助解决。有同志提出，为什么不能取消个人分担部分呢？我们知道，与个人筹资相比，社会保险更加公平；与社会保险相比，税收筹资更加公平。在税收筹资条件下，高收入者缴费多，但在医疗服务享有上人人平等；在社会保险机制下，享有医疗服务的水平仍然与缴费水平相挂钩。但是我国仍处于社会主义初级阶段，目前我们还做不到向每个个人都征收医保税，而且世界上大多数国家都是以政府为主实行混合筹资的，合理分担筹资有利于遏制患者的过度消费和卫生资源的浪费。第三，"多缴"可"多得"，部分地区打通了新农合与城镇居民医保之间的通道，农民增加缴费，医保报销比例就相应提高，体现了医疗卫生的效率。我国医疗保障整体构架可简单概括为"三纵三横"。"三纵"即城镇职工医保、城镇居民医保和新农合；"三"横即主体层（三项基本医疗保障制度）、保底层（城乡医疗救助制度）和补充层（补充医疗保险和商业健康保险）。其中，主体层和保底层就属于"基本保障"的范畴。可以说，这是一个公平与效率相统一的构架（见图2-2）。

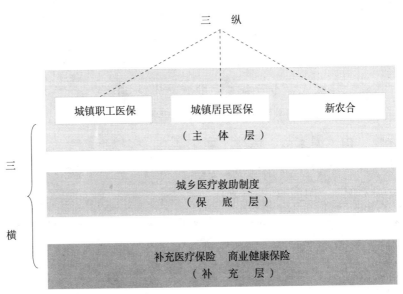

图2-2　医疗保障"三纵三衡"构架

3."作为公共产品向全民提供"中的"公共产品"要求强化激励约束机制建设

公共产品由政府为主提供，要取得更大更好的社会效益，尤其需要强化激励约束机制建设，加大绩效考核力度，奖优惩劣，增强各个主体提高服务质量和效率的外在压力和内在动力，促进体制机制改革目标的实现。对政府举办的医疗机构来讲，就是要在制度设计中体现"保基本运转、靠绩效发展"。政府保障其基本运转，让它能"吃饱"，但它要"吃好"就必须靠自身努力，提高绩效，求得发展。政府"保基本运转"也不只是简单地增加投入、"养人养机构"，而是通过"增投入、改机制、控成本、强绩效、重监管、促公开"多管齐下，提高医疗机构服务质量和效率，提高资金使用效率和资源利用效率。此外，要对医疗卫生领域实行有效监管，规范市场行为，避免市场主体，如医疗机构、医务人员，因追求自身效益的最大化，用贵药、开大处方，从而对整体社会效益产生损害，降低制度运行效率。此外，要给老百姓"用脚投票"的选择权。

医改财税政策作为一项公共政策，除了要处理好"三大关系"外，还要体现利益规律。从公共政策学的角度看，任何一项公共政策一旦付诸实施，必然会造成某种利益关系的变化，甚至导致整个社会利益结构的大调整，而利益结构的变化，会对社会成员产生影响，处理不好，会引发社会不安定因素。因此，医改财税政策在实施过程中要处理好各方面的利益关系，尽可能让多数人从中受益，让利益受损者得到补偿，这是应该高度重视的问题。

二、医改财税政策的内容、特点及落实情况

（一）医改财税政策的主要内容

医改财税政策包括：财政投入政策、税收优惠政策和财会管理政策。

1. 财政投入政策

可简要归纳为：建立一个机制，实现三个提高，支持五个"基本"。

（1）建立一个机制。即建立政府主导的多元卫生投入机制。明确政府、社会与个人的卫生投入责任，确立政府在提供公共卫生和基本医疗服务中的主导地位。公共卫生服务主要通过政府筹资，向城乡居民均等化提供。基本医疗服务由政府、社会和个人三方合理分担费用。特需医疗服务由个人直接付费或通过商业健康保险支付。积极鼓励和引导社会资本投向医疗卫生领域。

（2）实现三个提高。由于各种复杂的原因，我国在一段时间内政府卫生投入比重下降了。近年来政府投入不断加大，在逐步改善这种状况，这次医改方案进一步明确要实现三个提高，是政府主动承担起责任的重要表现。一是要进一步提高政府卫生投入占卫生总费用的比重，使居民个人基本医疗卫生费用负担有效减轻。二是进一步提高政府卫生投入占经常性财政支出的比重，政府卫生投入增长幅度要高于经常性财政支出的增长幅度。三是

进一步提高政府卫生投入用于需方的比重，2009—2011 年医改新增 8500 亿元投入中，约有 2/3 用于需方。

（3）支持五个"基本"：

——推进基本医疗保障制度建设。一是支持完善新农合和居民医保制度。逐步提高政府补助标准，2010 年各级政府补助标准提高到每人每年 120 元。二是支持完善城乡医疗救助制度。资助城乡低保家庭成员、"五保"户参加居民医保或新农合，逐步提高对经济困难家庭人员自负医疗费用的补助标准。三是支持完善城镇职工医保制度。将关闭破产企业退休人员和困难企业职工全部纳入医保，中央财政安排补助资金 509 亿元。

——健全基本医疗卫生服务体系。一是支持机构建设。完善农村三级医疗卫生服务网络，3 年内使每个县至少有一所县级医院基本达到标准化水平，每个县有 1—3 所中心乡镇卫生院得到较好的改扩建，每个乡镇都有一所卫生院，每个行政村都有一所卫生室；3 年内新建、改造一批城市社区卫生服务中心和服务站。二是支持队伍建设。支持实施为农村定向培养全科医生和实施执业医师招聘计划，支持开展基层医疗卫生人员培训和实施"万名医师支援农村卫生工程"，对志愿去中西部地区乡镇卫生院工作三年以上的高校医学毕业生，由国家代偿学费和助学贷款。三是改革补偿机制。基层医疗卫生机构取消药品加成，机构运行成本主要通过医疗服务收费和政府补助补偿。对政府举办的基层医疗卫生机构按国家规定核定的基本建设、设备购置、人员经费及其承担公共卫生服务的业务经费，采取定额定项和购买服务等方式予以补助。对乡村医生承担的公共卫生服务等任务给予合理

补助。

——促进基本公共卫生服务逐步均等化。一是支持建立基本公共卫生经费保障机制。按照国家规定的公共卫生项目免费为城乡居民提供基本公共卫生服务，如健康教育，老年人、婴幼儿、孕产妇健康检查，慢性病、传染病防治指导等。2009 年人均公共卫生经费标准不低于 15 元，2011 年提高到不低于 20 元。二是支持实施重大公共卫生项目。继续实施艾滋病、结核病等重大疾病控制、疫苗接种、农村孕产妇住院分娩等重大公共卫生服务项目，并逐步实施新的重大公共卫生服务项目。从 2009 年起，将增加为 15 岁以下人群补种乙肝疫苗。三是支持专业公共卫生机构能力建设。专业公共卫生服务机构的发展建设支出、人员经费、公用经费和业务经费由政府全额安排，其按照规定取得的服务收入上缴财政专户或纳入预算管理。

——实行国家基本药物制度。一是支持制定并公布国家基本药物目录，建立国家基本药物目录遴选调整管理机制。二是支持初步建立基本药物供应保障体系，建立基本药物优先选择、合理使用制度。三是中央财政通过以奖代补的方式对实施基本药物制度较好的地区给予奖补。

——探索出一条公立医院改革的基本路子。一是支持改革公立医院补偿机制。政府负责公立医院基本建设和大型设备购置、重点学科发展、符合国家规定的离退休人员费用和政策性亏损补偿等，对公立医院承担的公共卫生任务给予专项补助，保障政府指定的紧急救治、援外、支农、支边等公共服务经费。二是支持逐步取消药品加成。医院由此减少的收入或形成的亏损通过增设药事服务费、调整部分技术服务收费标准和增加政府投入等途径解决。三是支持民营资本办医。

2. 税收优惠政策

医改意见规定，要鼓励和引导社会资本发展医疗卫生事业。主要包括三个方面的内容：

第一，鼓励社会资本举办的非营利性医疗机构提供医疗服务。社会资本举办的非营利性医疗机构可享受与公立医疗机构同样的税收优惠政策，主要有四条：一是对其按照国家规定价格取得的医疗服务收入，免征各项税收；二是对其取得的非医疗服务收入直接用于改善医疗卫生服务条件的部分，经税务部门审核批准可抵扣其应纳税所得额，就其余额征收企业所得税；三是对其自产自用的制剂，免征增值税；四是对其自用的房产、土地、车船免征房产税、城镇土地使用税和车船使用税。

第二，鼓励营利性医疗机构提供医疗服务。主要有三条：一是免征营业税；二是在 3 年内，对其自产自用的制剂，免征增值税；三是在 3 年内，对其自用的房产、土地、车船免征房产税、城镇土地使用税和车船使用税。

第三，鼓励发展补充医疗保险。主要有两条：一是对企业为职工建立的补充医疗保险，提取额在工资总额 4% 以内的部分，可以在缴纳企业所得税前全额扣除；二是个人按照国家或者省（区、市）规定的缴费比例或办法实际缴付的基本医疗保险费，允许在个人应纳税所得额中扣除。

3. 财会管理政策

财会管理政策可细分为三个方面的内容，财务政策、会计政策和审计监管政策。

（1）财务政策。财务政策的内容包括预算管理、资金筹集管理、投资管理、资金营运管理、结余及分配管理、成本费用管理等。2010年2月《关于公立医院改革试点的指导意见》刚一出台，就有专家指出，公立医院改革最重要的内容之一，就是改革医院财务制度。作为公立医院重要管理制度之一的医院财务制度，是医院经济管理特点的集中体现，应根据公立医院管理体制、运行机制、补偿机制和监管机制改革的要求，进一步修改完善，用财务制度这根"杠杆"，撬动医院管理体制和运行机制改革进程，用有效的财务管理手段调动积极性，让公立医院算清账、花好钱、建机制、有激励、提效率、促改革。

根据医改方案的要求和医院财务管理的实际需要，财政部会同有关部门修订的《医院财务制度》于2010年年底内出台。制度改革的总体思路：一是家底要摸清。在清产核资的基础上，建立固定资产折旧制度。二是管理要加强。加强成本核算、成本分析和成本控制，提高医院成本管理基础工作水平，调动医院内部成本管理的积极性。三是监管要到位。加强财政部门和主管部门对医院经济活动的财务管理和监督，完善预决算审批制度，加强公立医院筹资管理和风险管控。四是激励要跟上。规范医院结余管理，对医院的收支结余、净资产等内容及流程进行科学、合理界定，全面真实反映医院收支及结余整体情况，健全医院财务激励机制，将对医院的绩效考评与补偿机制挂钩，充分调动医院和医务人员参与医改、服务医改的主动性和积极性。

（2）会计政策。在推进医院财务制度改革的同时，我们也在推进医院会计制度改革。近年来，医院的内外部环境发生了深刻变化，医院会计制度中许多规定已经不能满足需要。特别是医改意见和实施方案出台后，为了将两个文件中的政策精神落到实处，财政部从 2009 年起即着手修订现行《医院会计制度》，做到"方案既定、制度先行"。预计年内同财务制度一并出台。

会计制度改革主要体现三个适应：一是适应医疗卫生单位定位转变、维护公益性的要求；二是适应建立完善医疗卫生单位法人治理结构、提升管理水平特别是信息化管理水平提高的要求；三是适应医疗卫生单位补偿机制和财政预算管理体制改革的要求。

会计制度主要将起三个作用：一是将政策化为日常核算与管理。运用会计方法和手段使医改精神落实到医疗卫生单位日常业务活动中，突出公益性，约束医疗卫生单位盲目扩张，预警和控制财务风险。二是硬化成本约束。通过规范成本对象、项目、流程和方法等，使医疗卫生单位的成本计算有章可循，有据可查，有数可核，实现成本数据口径本单位各期间纵向一致，同类各单位横向可比，为推行管办分离、政府购买服务、医疗卫生信息化等改革奠定基础。三是着重解决内部人控制即信息不对称问题。通过公开可比的会计报表披露制度，增强业务活动和成本构成的透明度，有效制约对患者的不合理收费和医疗卫生单位总费用上涨。

（3）审计监管政策。医改意见和实施方案提出，要加强对医疗机构、政府卫生投入资金等的监管。政府卫生投入资金应依据合法、科学、公开、公正、规范、透明的原则进行分配，并依法接受人大、审计部门和社会的监督，形成科学有效的立体监管体系。其中，充分发挥会计师事务所对医疗机构的审计监督作用，是立体监管体系中社会监管的重要组成部分，填补了目前监管体系中缺乏对医疗机构财务信息审计的空白。而医院财务信息的真实、完整性对于摸清医院家底、核定财政补助、加强医院内部管理、进行激励约束有着至关重要的作用，也是医院信息公开的前提。从医院审计监督的国际经验来看，在西方市场经济国家，如澳大利亚和加拿大，通常会直接聘请会计师事务所审计，或由政府机构委托会计师事务所审计。从体制改革和政府职能转变的关系来看，充分发挥会计师事务所的作用，有助于将政府从具体事务中解脱出来，可以解决行政监管人员不足的问题，可以解决行政监管人员素质不适应的问题，可以加快推动直接管理向间接管理转变。从注册会计师在社会审计监督中发挥的作用和成效看，2004—2009 年，通过注册会计师对上市公司的年报审计工作，审计调整了利润总额 2833 亿元，审计调整了资产总额 13251 亿元，审计调整了应交税金 456 亿元，对规范上市公司利润核算、挤压股市泡沫、制止业绩差的上市公司虚增利润、为国家追缴应交税金等方面做出了积极贡献。因此，加强医院审计监督，特别是借助和引入注册会计师的审计监督，关系到医改工作的顺利进行。这一点，在 2009 年 10 月经国务院同意，由国务院办公厅转发财政部的《关于加快发展我国注册会计师行业的若干意见》（国办发 [2009]56 号）中已有明确表述，即"要将医院等医疗卫生机构、大中专院校以及基金会等非营利组织的财务报表纳入注册会计师审计范围"。此后，在 2010 年 2 月经国务院同意，由卫生部、中编办、发改委、财政部和人社部联合印发的《关于公立医院改革试点的指导意见》中，再次强调了公立医院注册会计师审计制度，要求公立医院要建立健全财务审计和医院院长经济责任审计制度，充分发挥会计师事务所的审计监督作用。

注册会计师审计制度在医院的确立和实施，至少可以发挥三大功效：一是强化审计监督，增强医院财会信息的真实性和透明度，这一点毋庸多言。二是提供咨询服务，特别是提供风险管理和内部控制方面的管理咨询，促进医院加快构建防范风险舞弊的"防火墙"，这一点十分重要。2010年4月，财政部会同审计署等五部委联合发布了20项《企业内部控制配套指引》，连同2008年业已发布的《企业内部控制基本规范》，标志着我国企业内控体系如期建成。下一步，将择机启动包括医院、高校在内的行政事业单位内控体系建设，时机成熟时，也将推行行政事业单位内部控制自我评价制度和注册会计师审计制度。因此，借助注册会计师的智力优势和专业特长梳理业务流程、强化关键控制、防控重大风险很有必要、势在必行。三是扩大代理记账，尤其是对乡镇医院、村卫生所、社区卫生中心等基层医疗卫生机构，由会计师事务所代理记账既实惠又管用。所谓实惠，就是通过代理记账精简了岗位设置，节省了编制和人力成本；所谓管用，就是通过会计师事务所的专业服务，规范了会计核算，加强了财务管理。一举两得，何乐不为？为了推动注册会计师审计制度在医院的平稳顺利实施，财政部正抓紧研究制定相关审计指引，确保这项制度安排落到实处、抓出实效。

需要说明的是，财务、会计、审计制度已于2010年年底前出台，公立医院和基层医疗卫生机构的财务会计制度也同步出台，用半年的时间进行培训，2011年7月1日开始试点执行。

（二）医改财税政策的主要特点

1. 投入改革并重

医改实施方案提出，2009—2011年，各级政府新增投入8500亿元支持五项重点改革，其中中央政府新增投入3318亿元。同时，医改意见和实施方案提出，要转变投入机制，以投入促改革，实现有效的激励约束，提高制度运行效率。要探索实行政府购买服务、直接补助需方等多种形式的政府卫生投入方式，变"养人办事"为"办事养人"，促进医疗卫生机制转变和效率提高。同时，建立健全科学合理的绩效考评体系，对医疗卫生机构及其提供的医疗卫生服务进行量化考评，并将考核结果与政府投入挂钩，不断提高资金使用效益。

2. 供方需方兼顾

供需双方要均衡发展。为解决原来我国政府卫生投入重供方、轻需方的问题，医改意见规定，政府卫生投入要兼顾供给方和需求方，既投向医疗卫生机构等医疗卫生服务的提供方，又更多投向让群众直接受益的医疗保障、公共卫生服务等领域。医改8500亿元新增政府投入中，约有三分之二要用于需方，这些资金将使城乡居民直接受益。我们认为，发展经济侧重于供方管理，发展医疗卫生等社会事业，应侧重于需方管理。因为需方有了钱，便自然流入了供方；供方为得到更多的钱，则会更多更好地提供服务。近期投入供方的钱，其着力点也主要是提升基层医疗卫生机构和专业公共卫生机构及其人员的服务能力和水平，使其更多更好地向需方提供服务，目的在于在保障公平的同时促进效率的提高，让老百姓更快、更多地得到实惠。

3. 强调三个基点

即"保基本、强基层、打基础"。为使改革尽快取得实效，医改意见和实施方案确定 2009—2011 三年间要重点抓好五项重点改革。这是从我国仍处于社会主义初级阶段的基本国情出发，本着解群众急需、各方可承受的原则做出的现实选择。五项重点改革突出强调了现阶段应首先解决制度上的公平问题，着眼保基本、强基层、打基础，财政政策支持的重点也在于此。"保基本"，就是要从低水平起步，为群众享受基本医疗和基本公共卫生服务提供基本水平的保障。"强基层"，就是重点加强基层医疗卫生服务体系建设，增强乡镇卫生院、村卫生室以及城市社区卫生机构提供基本医疗和基本公共卫生服务的能力和水平，引导群众到基层就医。"打基础"，就是利用 3 年的时间，通过实施五项重点改革，为下一步在更大范围、更深层次推进医改积累经验，奠定制度基础和体制机制基础。同时，要奠定医疗卫生信息化管理的基础，奠定我国卫生经济政策的基础，靠制度和信息化激发生产力的基础。

（三）医改财税政策的落实情况

从这两年的财税政策执行情况来看，也有三个特点：

1. 完成医改方案确定的三年投入目标有把握

从中央财政来看，2009 年医疗卫生支出 1273 亿元，2010 年年初预算安排 1389 亿元，累计达到 2662 亿元。从全国财政来看，2009 年医疗卫生支出 3994 亿元，2010 年年初预算安排 4439 亿元，累计达到 8433 亿元。虽然以上支出包含了一部分五项重点以外的其他支出，但是可以肯定地讲，三年完成新增 8500 亿元的目标是没有问题的。

2. 全面落实了"三个提高"

2009 年政府卫生投入占卫生总费用的比重提高到 27.23%，比 2008 年的 24.73% 增长了 2.5 个百分点，也是近十年来的最高水平。政府卫生投入用于需方补助的比重提高到 63.3%。全国财政医疗卫生支出增长幅度为 39.7%，也远高于财政支出 21.9% 的增长幅度，政府卫生投入占经常性财政支出的比重不断上升（见图 2-3、图 2-4、图 2-5）。

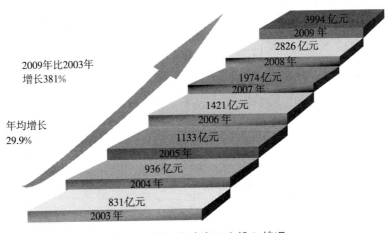

图2-3 近年来政府卫生投入情况

（单位：%）

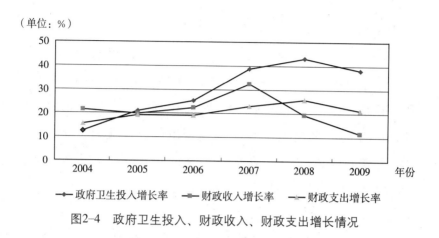

图2-4 政府卫生投入、财政收入、财政支出增长情况

（单位：%）

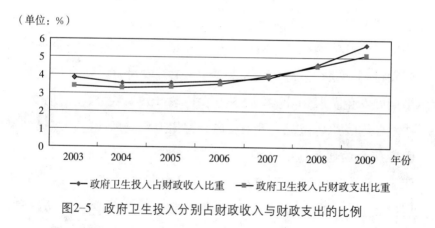

图2-5 政府卫生投入分别占财政收入与财政支出的比例

3.财税政策推动医改初见成效

在各项财税政策的有力推动下，医改成效初步显现。

（1）群众得实惠。

一是基本医疗保障制度覆盖范围迅速扩大，保障水平不断提高。城镇职工医保、居民医保和新农合参保人数超过12亿人，参保率总体上达到90%以上，政策范围内住院费用补偿比分别

达到 72%、55% 和 55%。在中央财政的支持下，解决了 607 万关闭破产国有企业退休人员参保这一历史遗留问题。城乡医疗救助力度进一步加大。德国用 90 年时间实现了全民医保，我国只用了不到 20 年的时间就基本解决了这一问题。奥巴马医改方案要用 10 年时间解决 4500 万人无医保的问题，我国 2009 年一年就新增参保人数 2 亿人。在全世界参加 WHO 的 190 多个国家中，中高收入国家已经实现全民医保的只占 60%，中低收入国家只占 40%。

二是基本公共卫生服务逐步均等化工作进展顺利。启动实施 6 个重大公共卫生服务项目，使 2878 万 15 岁以下的儿童得到免费的乙肝疫苗补种；164 万农村妇女获得宫颈癌免费检查，43 万农村妇女获得乳腺癌免费检查；321 万农村育龄待孕妇女和孕早期妇女免费服用叶酸，885 万农村孕产妇住院分娩补助；21 万贫困白内障患者重见光明；农户无害化卫生厕所改建和燃煤型氟中毒病区炉灶改造抓紧推进（见表 2-1）。各级政府按照人均不低于 15 元的标准，落实基本公共卫生服务经费，开始向城乡居民免费提供包括建立居民健康档案，健康教育，预防接种，传染病防治，高血压、糖尿病等慢性病和重性精神病管理，儿童保健，孕产妇保健，老年人保健等 9 类 21 项基本公共卫生服务。

表 2-1　基本公共卫生服务逐步均等化工作进展

重大公共卫生服务项目	单位	受益人（户）数
15 岁以下儿童免费补种乙肝疫苗	万人	2878
农村妇女免费宫颈癌检查	万人	164
农村妇女免费乳腺癌检查	万人	43
农村育龄待孕妇女和孕早期妇女免费服用叶酸	万人	321
农村孕产妇住院分娩补助	万人	885
贫困白内障患者重见光明	万人	21
农户无害化卫生厕所改建	万户	411
燃煤型氟中毒病区炉灶改造	万户	87

三是国家基本药物制度建设取得重大进展。2010 年年底前在不少于 60%的政府办基层医疗卫生机构实施了基本药物制度，基本药物实行零差率销售。

四是基层医疗卫生机构能力建设得到加强。以农村和基层为重点，加强医疗卫生机构标准化建设；加强以全科医生为重点的基层医疗卫生队伍建设；以基本医疗和公共卫生为重点，转变基层医疗卫生机构运行机制。

五是公立医院改革试点开始启动。

随着政府卫生投入的大幅增加和五项重点改革的推进，群众个人自付比例进一步减少，一定程度上缓解了"看病贵"的问题。根据卫生部卫生经济研究所《2009 年中国卫生总费用研究报告》提供的数据，政府卫生支出占卫生总费用的比重从 2003 年的 16.96%增加到 2008 年的 24.73%，个人卫生支出占卫生总费用的比重从 2003 年的 55.87%下降到 2008 年的 40.42%，下降了 15 个多百分点，平均每年下降 3 个百分点（见图 2-6）。据卫

（单位：%）

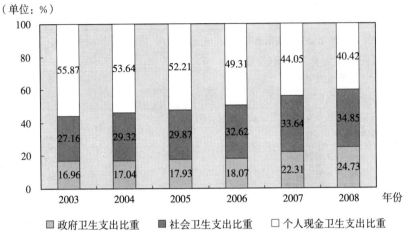

图2-6　2003—2008年政府、社会、个人卫生支出占卫生总费用比重情况

生部卫生经济研究所预计，2009年由于政府投入大幅增加、医保基金支出规模快速增长，个人卫生支出所占比重将进一步下降5个百分点左右。

　　这里要说明的是：我们不宜简单拿政府投入比重与国外此项指标直接对比，为什么呢？国际上在进行国别比较时，一般将社会卫生支出中的各项医疗保障基金支出与政府卫生支出加起来，统称为"广义政府卫生支出"或"公共卫生支出"，其他部分则统称为"私人卫生支出"。根据《2009年中国卫生总费用研究报告》，2008年我国广义政府卫生支出占卫生总费用的比重从2003年的36.23%提高到2008年的49.95%，提高了近14个百分点。按照卫生部卫生经济研究所关于2009年个人卫生支出所占比重将进一步下降5个百分点左右的预计，2009年广义政府卫生支出将进一步提高到55%左右，高于中低收入国家的48%，已经接近中高收入国家 58% 的水平。私人卫生支出将下降到 45% 左右。

2009 年，孕产妇死亡率和 5 岁以下儿童死亡率继续下降。据统计，孕产妇死亡率由 2008 年的 34.2/10 万下降到 2009 年的 31.9/10 万，5 岁以下儿童死亡率由 2008 年的 18.5‰ 下降到 2009 年的 17.2‰，婴儿死亡率由 2008 年的 14.9‰ 下降到 2009 年的 13.8‰（见表 2-2、图 2-7、图 2-8、表 2-3）。

表 2-2　人民群众健康指标改善

指标	单位	2008 年	2009 年	下降
孕产妇死亡率	10 万分之	34.2	31.9	2.3
5 岁以下儿童死亡率	‰	18.5	17.2	1.3
婴儿死亡率	‰	14.9	13.8	1.1

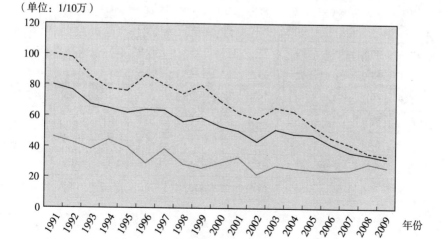

（单位：1/10万）

图2-7　全国城乡孕产妇死亡率变化趋势

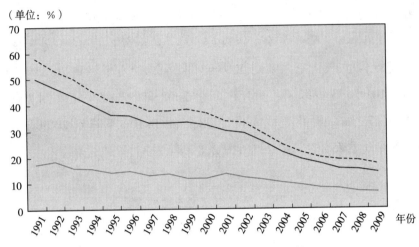

（单位：%）

— 全国　— 城市　---- 农村

图2-8　全国城乡婴儿死亡率变化趋势

表2-3　主要人口健康指标的国际比较（1950—2015 年）

国家	预期寿命（年）					婴儿死亡率（‰）				
	1950—1955	1980—1985	2000—2005	2005—2010	2010—2015	1950—1955	1980—1985	2000—2005	2005—2010	2010—2015
中国	40.8	65.4	72	73	74	195	39.9	25.6	22.9	20.4
印度	37.9	56	62	63.5	65.2	163.7	97.6	61.8	54.6	49.5
英国	69.2	74	78.5	79.4	80.1	28.5	10.5	5.2	4.8	4.5
美国	68.9	74.3	78.3	79.2	79.9	27.8	10.3	6.4	5.9	5.5
俄罗斯	64.5	67.3	64.8	66.5	67.9	97.5	25.9	17.3	11.9	11.2
日本	62.1	76.9	82.1	82.7	83.7	50	6.6	3	3.2	3.1
世界	46.6	61.7	66.4	67.5	68.9	151.9	73.7	51.7	47.3	43.2

（2）卫生得发展。

一是基层医疗卫生机构建设得到加强。2009 国家发改委下达中央专项资金 200 亿元，支持 986 个县级医院（含中医院）、3549 个中心乡镇卫生院和 1154 个城市社区卫生服务中心建设。各地还自筹资金 201 亿元，建设了 141 个县级医院（含中医院）、2077 个乡镇卫生院、8011 个城市社区卫生服务中心和 68128 个村卫生室。中央财政累计下达专项补助资金 53 亿元，按照"填平补齐"的原则为中西部地区基层医疗卫生机构配置设备。医疗机构床位持续增加，2009 年全国医疗机构共拥有床位 442 万张，比 2008 年增加 34 万张，增长 8.3%`（见表 2-4）。

表 2-4 卫生事业发展指标

指标	单位	2008 年	2009 年	增长率（%）
全国卫生人员数	万人	710	784	10.4
全国卫生技术人员数	万人	503	554	10.1
医疗机构床位数	万张	408	442	8.3

二是卫生应急反应和处置能力大大提高。2009 年，中央财政安排 50 亿元专项资金，支持甲型 H1N1 流感防控工作，提高应急反应和处置能力。将全国流感监测网络由 63 家实验室、197 个哨点医院分别扩至 411 家和 556 家，实现了我国流感监测网络在地市级的全面覆盖，这一点是具有国际先进水平的；为中西部地区 114 家流感定点医疗卫生机构重症医学科室购置必要设备，加强应急救治能力建设；支持卫生应急指挥系统建设等。

三是卫生人才队伍建设得到加强。2009 年年底，全国卫生人员达到 784 万人，比 2008 年增加 74 万人，增长 10.42%，其中卫生技术人员554万人，比2008年增加51万人，增长10.14%（见表2-4）。累计为乡镇卫生院招聘执业医师1000人，培训乡村卫生人员、城市社区卫生服务人员64万人次；支持634家城市医院与955家县级医院结成对口支援关系。全国31个省份均明确了村医补助政策，部分地区将村医纳入乡镇卫生院一体化管理。这些措施有效调动了村医的积极性，加强了农村卫生"网底"建设。

四是基层医疗卫生机构体制机制改革积极推进。天津、河北、内蒙古、辽宁、吉林、黑龙江、江苏、浙江、安徽、福建、江西、湖南、广西、四川、云南、甘肃、宁夏等18个省（区、市）出台了基层医疗卫生机构综合改革的文件，积极推进基层医疗卫生机构建设规划、人事制度、收入分配制度、运行机制、补偿机制、绩效考核等体制机制的综合改革，提高医疗机构运行效率和服务质量。其他省份也在部分试点市、县出台了相关文件。

（3）经济得促进。

在金融危机背景下，政府三年新增投入8500亿元，带动全社会消费，将会带来另一个"4万亿"的效应。卫生部陈竺部长讲课时，说每1元的医疗保障方面的财政投入，能够拉动8元以上的社会消费总额。国家发改委朱之鑫副主任介绍，IMF研究表明，每增加1元医疗保险投入，可减少居民2元储蓄，也就是促进2元的消费。可见，去年消费总额增长了17%，一方面是由于家电下乡等消费政策的刺激；另一方面，政府卫生投入也直接拉动了投资与消费，对经济增长将产生"直接效应"。如增加医疗卫生机构基建和设备购置投资，可促进建筑、建材、药品、医

疗器械等实体经济的发展。同时，医疗需求的增加，也加快了医
药、医疗器械产业的发展。

　　为了更好地说明这一点，我再举一些医改方案出台前后股
市变化情况的例子。2008 年 10 月 14 日，医改方案公开向社
会征求意见。尽管 2008 年第四季度受国际金融危机影响，许
多行业陷入亏损，但医药行业的业绩却显著好于其他行业（见
图 2-9）。从 2008 年 10 月 14 日到 2009 年 1 月 22 日，医药板
块上涨 28％，领先市场整体 27 个百分点，万东医疗（600055）
在这一期间涨幅达到 140％，南京医药（600713）和上海医药
（600849）的涨幅也都超过了 60％（见图 2-10）。

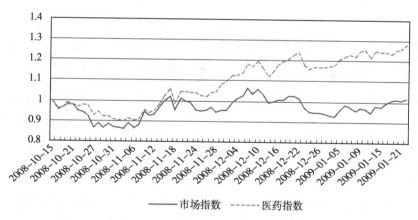

图2-9　2008年10月14日到2009年1月22日医药板块市场走势

　　2009 年 4 月 6 日，医改方案正式公布。由于有消息称基本
药物目录将在 4 月底公布，因此 4 月 30 日医药板块的涨幅超过
6％。5 月 7 日，国务院公布《关于扶持与促进中医药发展的若

图2-10　医疗器械和医药商业涨幅领先

干意见》，中成药股在5月9日高开后冲高。7月6日，医改领导小组全体会议讨论2009年重点推进的医改十项重点工作；7月8日，国务院常务会议审议并通过了十项重点工作。因此，医药板块走出了3天强于大盘的走势。再以天坛生物（600161）为例。6月18日六大公共卫生项目启动实施，其中包括对15岁以下人群补种乙肝疫苗项目，3年对乙肝疫苗的需求量将超过100%。由于天坛生物是我国主要的乙肝疫苗提供商，因此在政策出台的前两天，公司的股价就开始上涨，政策出台的当天涨停，第二天接近涨停，三天涨幅超过20%。

　　2009年8月18日，基本药物制度实施意见和基本药物目录（基层医疗卫生机构配备使用部分）推出。8月19日，在大盘下跌4.5%的情况下，医药板块下跌幅度只有1.5%。其中，独家品种进入基本药物目录的公司大幅上涨（见表 2-5）。

表 2-5　进入基本药物目录的公司股价上涨

证券代码	证券简称	2009 年 8 月 19 日涨跌幅（％）
600479	千金药业	8.33
000538	云南白药	5.36
600329	中新药业	4.43
600079	人福科技	4.24
000028	一致药业	4.01
000999	三九医药	3.36
000919	金陵药业	2.85
600518	康美药业	2.57
600666	西南药业	2.43
600062	双鹤药业	2.23
600252	中恒集团	2.19
600535	天士力	2.06

另外要强调三点：

第一，上述成就是党中央、国务院正确领导的结果，是各地方、各部门共同努力的结果。

第二，从经济学和公共政策学来分析，2009 年是低效期，增效期会在 2010 年开始显现。

第三，要重视改革中存在的问题。如，五项重点改革进展不均衡，加快推进基本医疗保障体系建设、健全基层医疗卫生服务体系、促进基本公共卫生服务逐步均等化三项工作进展比较顺利，初步建立国家基本药物制度、公立医院改革试点两项工作进

展有待加快，特别是基本药物制度实施后对基层医疗卫生机构、村卫生室和零售药店的影响远远超出预期；部分基本药物价格虚高，招标采购机制不规范；地区间改革推进速度不够均衡；部门间沟通协调还需进一步加强等。这些都需要在下一步工作中进一步研究解决。

三、财税政策力促体制机制转变的"四部曲"

加大投入易，转变机制难。要使医改取得成功，一方面要加大投入力度；另一方面要花钱买机制，花钱建机制。2009 年以来，各级财政部门以增加资金投入为突破口，致力于用财税政策促进医药卫生体制机制转变，奏响了"四部曲"，正在谱写我国医药卫生体制机制改革的新篇章。

（一）第一部曲：综合改革

过去医疗机构"以药补医"，此次取消药品加成后"拿什么补医"，也就是补偿能否到位，是改革初期基层医疗卫生机构和医务人员首先最关心的问题，也直接决定了基本药物制度在基层医疗卫生机构的受欢迎程度。基本药物必须是"医生愿意开，患者愿意用"，产生需求，才谈得上生产和配送，因此是基本药物制度的根源与核心问题。有同志提出，落实基本医疗卫生服务的公益性就要加大政府投入，基层医疗卫生机构取消药品加成，收入减多少，财政就应该补多少。此种方法看似简单，但却存在一系列问题，包括按多少药品加成率补助难以核定，合理的药品收入基数难以核定，人员编制难以核定，等等，导致减多少说不清、补多少算不明，并且"减多少就补多少"只是简单地由财政承担了原本由患者负担的医疗费用，基层医疗卫生机构"人浮于事"、服务质量与效率不高的现状并未改变，群众"看病难、看病贵"问题仍难解决。为此，结合对安徽等地的调研，我们提出，首先必须规范基层医疗卫生机构的运行与发展机制，以实施基本药物制度为契机，统筹推进包括人事制度、收入分配制度、管理体制、补偿机制等在内的综合改革，促进形成"以服务补医"，并在此基础上实行"综合核补，统筹算账"。

推进综合改革，符合在基层医疗卫生机构实施基本药物制度、实施绩效工资以及乡村联动的客观要求，解决了补多了补不起、补低了不满意、怎样补无标准的问题，构建了机构新的运行机制，使机构展现新风貌、呈现新气象，增强生机与活力，吸引群众到基层就医。"统筹算账、综合补助"，对基层医疗卫生机构所有收入和支出统筹算账，对核定的经常性收支差额在绩效考核的基础上给予补助，强化了激励约束机制，提高了医疗卫生资金的整体使用效益。2009 年 12 月 2 日，财政部在安徽召开了财政系统现场经验交流会，与会代表十分赞同安徽做法。12 月 22 日，李克强副总理在主持召开国务院医改领导小组第五次会议时，也充分肯定了安徽省综合改革的经验。2010 年 1 月 21 日，国务院医改办又在安徽召开了现场经验交流会，在更高的层次上、以更大的力度推广"安徽经验"。

在公立医院改革试点地区，也要坚定地推进综合改革。在管理体制上要积极探索"四分开"的有效途径；在法人治理结构方面要鼓励积极探索以理事会为主要形式的多种方式；在人事管理、收入分配方面，要建立能进能出、能上能下的人力资源管理机制，实行真正的以绩效为核心的收入分配制度，充分调动医务人员的积极性。在体制机制改革的基础上，同样对公立医院实行统筹算账，综合补助。

（二）第二部曲：多头补偿

医疗卫生机构的资金来源渠道多样，包括医保基金付费、政府补助和个人付费。而医保基金又涉及多个部门，包括卫生部门主管的新农合、人社部门主管的城镇职工医保和城镇居民医保以及民政部门主管的城乡医疗救助。因而，以投入促改革，不仅仅是要以政府投入促改革，而且要充分发挥医保基金的作用，实现财政、卫生、人社、民政等部门多方联动、多头补偿，促进医疗卫生机构体制机制改变。

什么是多头补偿？在基层医疗卫生机构实行综合改革后，各地普遍反映由财政一家补偿，很多县区补不起，很难承受、更难持续。这也是基层医疗卫生机构和医务人员所担心的问题。与此同时，我们在调研中了解到，江苏镇江、扬州、天津等地在基层医疗卫生机构取消药品加成后，充分发挥医保基金的作用，通过医保基金给予适当补偿。我们深入分析了通过医保基金给予适当补偿的合理性与可行性，并进一步开拓思路，对基层医疗卫生机构取消药品加成后减少的收入，由先前的财政单家补偿，转变为采取机构内部消化、提高服务价格、医保基金补偿、财政补助等多种渠道共同补偿，建立基层医疗卫生机构多渠道补偿机制。多头补偿概括起来有这么几点主要内容：

一是去掉"黑色"收入。将基层医疗卫生机构原来药品收入中不合法、不合规的部分剔除。

二是消化部分"灰色"收入。通过基层医疗卫生机构加强内部管理，加强监督检查，提高服务质量和效率，降低运行成本，强化绩效考评，实施绩效工资来消化。

三是合理调整医疗服务价格。

四是通过医保基金直接补偿。基层医疗卫生机构因取消药品加成减少的收入，理应通过提高偏低的医疗服务价格从医保基金获得补偿，但在目前群众"看病难、看病贵"的大环境下，在全国范围内大幅提高医疗服务价格有不小的难度，因此，新农合和居民医保等医保基金在按现行医疗服务价格补偿服务成本的基础上，还可以对基层医疗卫生机构因取消药品加成减少的收入等给予直接补偿。

五是核定财政补助。地方财政要加大投入力度，对核定后应由财政承担的收支差额在预算中足额安排。中央财政拟采取以奖代补的方式也给予一定补助。

实行多头补偿，可以实现"四个有利于"，取得多重积极效果。第一，有利于加快基本药物制度改革的进程。不仅将大大加快取消药品加成、实施绩效工资以及乡村联动改革的推进速度，而且可以为下一步公立医院改革试点积累经验。第二，有利于完善医保制度。既可以有效推动开展门诊统筹，扩大群众受益面；又可以有效引导城乡居民积极参保，尽快实现医改方案确定的90%以上的城乡居民参保的目标；还有利于引导"小病进社区"、"小病不出乡"，缓解大医院看病难、看病贵的问题，同时也减轻了医保基金的负担。江苏省镇江市实施这一办法当年社区卫生机构就诊量比上年增长了51%，医疗服务收入增长了54%，慢病病人增长了2倍多，城市居民选择社区卫生机构就诊的超过了35%。第三，有利于逐步理顺医疗服务价格形成机制。第四，有利于转变政府卫生投入机制。

取消药品加成后，直接减少了新农合、城镇居民医保基金支出数额，而这些基金中财政资金占很大比重。原筹资水平考虑了药品加成的需求，取消药品加成后，基金支出减少了，财政投入不仅未减少，而且还要在2010年大幅增加投入，因此，动用医保基金进行部分补偿，应该说是理所应当的。有人担心通过医保基金补偿是否会影响医保基金提高报销比例。我们分析，从医保基金中动用一部分基金补偿部分收支差额，不会影响原有的报销比例，而且由于只是动用一部分基金，另一部分基金加上因取消药品加成减少药品费用支出后增加的基金结余，还可以进一步提高报销比例。因此，可以收到"一箭双雕"的效果。举例来说：假设2009年新农合在乡镇卫生院的住院补偿比为60%（2008年为57%），患者住院花费医疗费用1000元（其中药费700元，医疗服务收费300元），则可以报销600元，个人负担400元。2010年新农合筹资标准提高50元后，假设在不取消药品加成的情况下住院补偿比提高10个百分点达到70%，1000元医疗费用可报销 700 元，个人负担 300 元；而取消药品加成后住院费用降至 909 元 [700÷（1+15%）+300]，同样报销 700 元住院补偿比可达到 77%（700÷909）；假设通过新增新农合基金补偿 50% 的药品加成收入后，报销比例仍将达到 72% {[700-700÷（1+15%）×15%×50%]÷909}，报销后个人只需负担 255 元 [909×（1-72%）]，比 2009 年负担的 400 元减少 145 元。更何况还要通过调整定价和招标采购等措施压缩基本药物流通环节的"虚高"成分。尤其是，药品加成取消降低了医保基金的支付额，国家并没有减少对医保资金的投入，相反，从 2010 年起，各级财政对新农合、居民医保的补助标准还会逐步提高。因此，实行多头补偿后，还可以提高最高报销限额。当然，通过医保基金进行补偿，要以确保基金收支基本平衡为前提，对于基金出现透支的地区，要首先解决基金缺口问题，然后再考虑补偿收支差额问题。

2009 年 12 月 25 日和 28 日，财政部分别在北京和天津召开了部分地区医改座谈会，对这一思路进行了深入探讨，与会代表都非常支持这一做法。在 2010 年 1 月 21 日国务院医改办召开的安徽现场经验交流会上，国家发改委、卫生部、人社部等部委领导在充分肯定安徽省综合改革经验的同时，都要求各地结合本地实际探索建立多渠道补偿机制。李克强副总理也多次批示，在基层医疗卫生机构推行基本药物制度过程中，要积极探索多渠道补偿机制。5 月 3 日，李克强副总理又在国家发改委《经济情况与建议》第 30 号《加大财政投入力度，确保基本药物制度顺利实施——关于对湖南、广东两省基本药物制度实施情况的调研》一文中做出批示："财政部要会同有关部门进一步完善补偿机制，

积极探索多渠道补偿，落实投入政策，确保基本药物制度实施后基层医疗卫生机构正常运行。"

目前，天津、内蒙古、辽宁、大连、吉林、黑龙江、江苏、江西、山东、河南、广东、广西、重庆、四川、贵州、云南、陕西、甘肃、青海、宁夏、新疆等21个省（区、市）出台了多头补偿的文件。从各地多头补偿的方式看，共分三种类型：一是按药品收入的15%全部由医保基金补偿，或由医保基金和财政分担，如天津、广东、江西、新疆、宁夏、云南；二是通过提高医疗服务价格、增设药事服务费、购买服务等方式由医保基金补偿，如辽宁、吉林、黑龙江、陕西、江苏、重庆、四川、青海；三是原则要求探索建立医保基金等多渠道补偿机制，具体办法由部门或市、县制定。

中央财政将通过以奖代补的方式，对实施基本药物制度、推进综合改革、探索多头补偿进展快、效果好的地区给予奖补。奖补资金的分配坚持四个原则：突出改革、转变机制、注重实效、鼓励先进。重点考核两项内容：一是基层医疗卫生机构基本药物和综合改革制度建设情况，主要包括基本药物制度实施办法、基层医疗卫生服务体系建设与发展规划以及基层医疗卫生机构人事制度改革政策、收入分配制度改革政策、运行机制改革政策、补偿机制改革政策等。二是基层医疗卫生机构实施基本药物和综合改革情况，主要包括基层医疗卫生机构实施基本药物制度进展情况，特别是实行药品零加成政策情况；市、县两级政府及相关部门出台综合改革政策情况及政策落实情况。

在公立医院，也要建立多渠道补偿机制。公立医院补偿机制改革的内容可以归纳为"一个取消"、"一个增设"、"一个调整"，即逐步取消药品加成，增设药事服务费，调整部分技术服务费。卫生部等部门《关于印发公立医院改革试点指导意见的通知》(卫医管发 [2010]20 号) 明确规定，"逐步取消药品加成政策，对公立医院由此而减少的合理收入，采取增设药事服务费、调整部分技术服务收费标准等措施，通过医疗保障基金支付和增加政府投入等途径予以补偿"。可见，其思路同基层医疗卫生机构一样，也是要积极拓宽补偿渠道，充分发挥医保基金的作用，实现财政、卫生、人社、民政等部门多方联动。笔者想强调的是：在公立医院改革中，也会涉及基本药物制度和取消药品加成问题。推进这两项改革时，要认真研究总结基层医疗卫生机构在进行这两项改革中的经验，改进其中的薄弱环节。在此基础上，研究制定更加科学有效的改革方案。要把药品目录、定价、生产、采购、配送、使用、报销、缺口计算、补偿办法等统筹起来，并制定政策。

(三) 第三部曲：科学定价

各地陆续启动实施综合改革、多渠道补偿后，为了解群众医药卫生负担是否有效缓解，财政部先后组织了 5 个调研组，用两个月的时间分赴吉林、山西等 10 余省进行了跟踪调研。调研发现，部分基本药物价格虚高，招标采购机制不完善，稀释了取消药品加成对减轻群众医药费用负担的有效作用，导致财政负担增加，百姓却受惠不多。如山西省太原市小店区一家乡镇卫生院实施零差率销售前 160 万单位青霉素的采购价 0.58 元，零售价 0.7 元；实施后，国家零售指导价为 1.6 元，省级招标采购降至 0.85 元，但仍高于原零售价。此时不仅乡镇卫生院 0.12 元（0.7-0.58）的加成收入取消了，需要由财政埋单；患者还需为 0.15 元（0.85-0.7）的价格上涨付费；药品供应企业成为唯一的获利方，0.27 元（0.12+0.15）的利润都由其获得。究其原因，综合改革与多头补偿在基本药物的使用与补偿环节上破除了医疗机构对"高价药"、"高加成率"的需求，但在定价与招标采购环节上，仍存在大量"高价药"的供给。因此还必须科学定价，规范招标采购流程。

部分基本药物价格虚高问题，既有国家零售指导价格偏高的原因，也有省级招标采购缺乏内在激励约束机制的原因，并且定价与招标采购是直接相关联的前后两个环节，需要联动改革。调研中部门和专家提出了三种可供选择的思路。一是国家确定基准价加浮动比率，省级招标确定实际采购价格；二是全国统一定价、统一招标定点生产、统一配送；三是国家确定最终零售价格，省级招标招量不招价。

通过对以上三种思路的利弊分析，我们认为，国家确定最终零售价格、省级招量不招价的思路利多弊少，较为符合我国国情，应将其作为我国基本药物定价及招标采购机制改革的方向稳步推进。具体可分为两步实施：第一步，国家选择抗生素、葡萄糖等 60 种左右用量较大的常用基本药物实行统一定价（见表 2-6），省级在其他基本药物中选择若干品种统一定价；第二步，随着经验的积累和条件的成熟，再将国家统一定价范围扩大到所有基本药物，省级政府对省级统一增补目录药物实行统一定价。

这一思路的优点，一是明确由国家价格主管部门直接确定最终零售价格，从根本上解决了省级招标采购难以挤干药价中水分的问题，省级只招质量、数量、生产和配送企业，也促使生产和配送企业提高药品质量和服务水平。二是与现行机制衔接较为容易，避免引起生产企业大规模重组，也符合我国区域广阔的基本国情；且基本药物中常用药品比例大，生产厂家往往达到几十家，由于其他厂商的"搭便车"行为，单个厂家进行"价格公关"的积极性并不高，减少了市场寻租行为，也不易形成高度垄断。因此，与现行办法相比，可有效控制药品价格，保证药品质量，可行性较高。

对于存在的统一定价难的问题，一方面要加强价格评审机构的力量，实行评审过程公开、结果公开，可探索引入中介机构的参与；另一方面还要放开基本药物市场，允许零售药店销售基本药物，通过市场机制发现和校正不合理的价格。此外，明确流通费率可能会引发药品流通行业的重组，但这是解决药价"虚高"问题所必须付出的改革成本。目前，重庆、浙江、山西等地也已主动开展了流通领域资源的整合重组，以适应基本药物制度的实施。

表 2-6 用量大的 60 种常用基本药物

化学制剂 40 种

类别	序号	通用名
抗微生物药	1	阿莫西林
	2	头孢氨苄
	3	诺氟沙星
	4	阿司匹林
	5	利巴韦林
	6	阿莫西林钠 + 克拉维酸钾
	7	左氧氟沙星
	8	阿奇霉素
	9	庆大霉素
维生素、矿物质类药	10	维生素 C
	11	维生素 B1
	12	二甲双胍
	13	维生素 B2
	14	维生素 B6
	15	维生素 B12
消化系统用药	16	雷尼替丁
	17	奥美拉唑
	18	乳酶生
	19	小檗碱
	20	多潘立酮
	21	联苯双酯
心血管系统用药	22	硝苯地平
	23	卡托普利
	24	美托洛尔
	25	氨苯蝶啶 + 利舍平
	26	硝酸异山梨酯
呼吸系统用药	27	氨茶碱
	28	溴己新
	29	喷托维林

类别	序号	通用名
激素及影响内分泌药	30	泼尼松
	31	地塞米松
	32	格列吡嗪
镇痛、解热、抗炎、抗风湿、抗痛风药	33	对乙酰氨基酚
	34	布洛芬
调节水、电解质及酸碱平衡药	35	葡萄糖
	36	氯化钠
妇产科用药	37	甲硝唑
皮肤科用药	38	红霉素
神经系统用药	39	尼莫地平
抗变态反应药	40	氯苯那敏

中药制剂 20 种

类别	序号	通用名
内科用药	1	清开灵颗粒（胶囊、片、注射液）
	2	感冒清热颗粒
	3	板蓝根颗粒
	4	复方丹参片（胶囊、颗粒、滴丸）
	5	六味地黄丸
	6	生脉饮（颗粒、胶囊、注射液）
	7	牛黄解毒丸（胶囊、软胶囊、片）
	8	消渴丸
	9	通心络胶囊
	10	护肝片（胶囊、颗粒）
	11	参麦注射液
	12	黄连上清丸（颗粒、胶囊、片）
	13	丹参注射液
	14	藿香正气水
	15	普乐安胶囊（片）
	16	速效救心丸

类别	序号	通用名
外科用药	17	马应龙麝香痔疮膏
	18	消炎利胆片（胶囊、片）
骨伤科用药	19	云南白药（胶囊、膏、酊、气雾剂）
妇科用药	20	乌鸡白凤丸（胶囊、片）

（四）第四部曲：规范透明

无数实践表明，加强监管、增强资金使用环节的规范透明，是提高资金使用效益的重要手段。这几年国家推行财政政务公开、预算公开，引起社会强烈反响。从世界范围来说，许多国家公共预算也都是主动向民众无条件公开的，其基本理念就是既然公共支出来源于税收，源自于老百姓，那么支出的项目及效果就应当向老百姓公开，接受老百姓监督。因此，财政对医改投入的资金也要实行"规范透明"，让医改资金的使用者切实感到有压力要把医改资金花好。笔者总的想法是：

1. 夯实基础管理工作

新的财务会计制度将进一步规范医疗卫生机构的预算管理、财务会计核算，强化政府有关部门和社会力量的监督作用。这必将对医疗卫生机构加强管理、合理控制医疗费用的快速增长、提高财政资金的使用效益等发挥积极作用。因此，财政部除下发医疗机构财务会计制度外，还将并下大力气抓好贯彻落实。

2. 切实加强医疗卫生机构的绩效考核，并将其逐步公开

要着力建立健全基层医疗卫生机构绩效考评体系，根据服务项目的具体内容，制定相应的绩效考评办法，并将考核结果与财政补助资金挂钩。

3. 推进医疗保障信息公开

国务院决定从 2010 年起试行编制社会保险基金预算，加强社会保险基金管理，规范社会保险基金收支行为，也为下一步社会保险基金信息公开创造了前提条件。此外，医保经办机构也应积极向社会公开基金收支结余信息、报销政策等，便于社会监督。

4. 推进政府卫生支出预算公开

财政医疗卫生支出预算也要按照全国人大的要求，逐步扩大预算公开的范围，增加预算公开的内容。同时，要加强对整个医改资金使用情况的绩效考核，并根据考核结果改善资金投入结构与方式。医改办已经决定，2010 年要组织开展医改实施效果的中期评估，其中就包括政府投入效果的评估。

5. 在"规范透明"中需要注意三个问题：一是要"阳光操作"，但要分步到位

医疗机构哪些信息必须公开，哪些信息不宜公开，需要科学设计。公开也不可能一步到位，要统筹考虑社会对信息公开的期望值和医疗机构承受能力的平衡关系，实现平稳有序推进。二是"阳光操作"要与财政预算公开相衔接。三是要为"阳光操作"提供制度保障和信息化基础。

四、进一步完善财税政策及深化医改需要研究的几个问题

进一步完善财税政策，深化医药卫生体制改革，还需要对以下几个问题高度重视，并着力研究解决。

（一）如何更好地控制医疗费用

此次医改的一个重要目标就是降低群众医药费用负担，也就是降低医药费用的自付比例。"自付比例=1-报销费用÷医疗费用"，通过这个简单的公式显而易见，要降低群众自付比例，一方面，要提高报销水平，在"分子"上做"加法"，最近几年，我们大幅增加对医疗保障的投入，制度覆盖面和保障水平都不断提高；另一方面，就是要切实控制医疗费用，在"分母"上做"减法"，这也是实现"投入≤效益"一个至关重要的方面。

1. 医疗费用就像一柄只伸不缩的"魔杖"

医疗费用上涨除了药企、药商、医疗机构和医务人员等的主观因素外，还有以下客观因素：一是人口老龄化。我国人口老龄化进程非常迅速，且老龄人口的高龄化趋势明显。目前我国60岁以上的老人有1.6亿之多，其中80岁以上的老人有1800万之多，是典型的"未富先老"类型的国家。尤其是，到2040年，我国60岁以上的老人将占总人口的近27.5%，其中80岁以上的老人将在5500万以上。有统计显示，60岁以上人的医疗费用

是 60 岁以下人的 3 倍。二是疾病谱的变化。我国疾病谱从以传染病为主向以高血压、糖尿病、恶性肿瘤、心脑血管疾病等慢性病为主转变。三是新技术的利用。从经济学和专业的角度讲，发明创造最大的贡献是发展了一些价格高的方法去解决那些过去不能解决的问题，并使那些能付得起费用的人知道。相反，利用现有的技术发展一些节约成本的东西，从科学声望和利益上讲没有多少好处。即使技术进步能降低单位费用，但一旦巨大潜在需求释放出来，总费用仍会大幅上升。四是期望值增加。期望值增加来源于经济、社会、政治三个方面。随着经济的发展，个人、社会、政府都愿意花更多的钱保护健康。五是全球化的影响。电影、电视和互联网，连同旅游和移民，为公民勾画出高收入国家的生活景象。这种图景使得实利主义上扬而传统价值观丧失。一种观点流行起来：为了使自己尽可能年轻和健康而尽可能地消费。而且一旦知道别处能获得更好的服务，人们便开始怀疑本地区医疗卫生的服务质量。

最近几年，我国吸取经济体制转轨初期对医疗卫生市场疏于监管的教训，加强了市场监管，在控制医疗费上取得了一些成效，但是医疗费用增速仍然较快。1980—2008 年，我国卫生总费用增长了 100.6 倍，人均卫生费用增长了 74.4 倍，而同期城市居民人均可支配收入仅增长 36.5 倍，农民人均纯收入仅增长 21.6 倍。2003—2008 年，卫生总费用从 6584 亿元增长到 14535 亿元，6 年间翻了一番还多，人均卫生总费用年均增长 16.5%，而同期城市居民可支配收入年均增长 13.2%，农村居民人均纯收入年均增长 12.7%（见图 2-11）。特别给我们敲响警钟的数据

（单位：%）

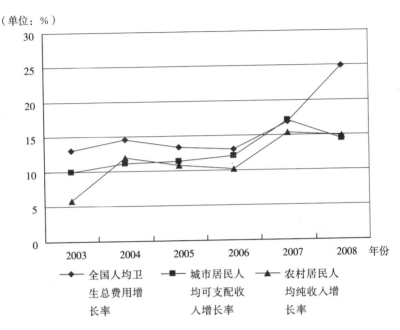

图2-11　人均卫生总费用与居民收入增长对比

是，据国家发改委抽样调查，2009年门诊及住院次均费用分别为159.5元和5951.9元，均比2008年上涨了39%。背景是什么呢？是2009年我国CPI的负增长，是我们进行了取消药品加成的改革及一系列对供方的投入。因此，必须从源头上对医疗费用进行控制，以避免给政府、个人以及整个社会造成沉重负担。

2. 要多策并举控制医疗费用的非正常增长

要对医疗费用进行控制，就要从源头入手，供方、需方、保方和管方等多方共举。

（1）科学制定并严格执行区域卫生规划，合理配置资源。在医疗卫生机构设置、基本建设投资、大型检查治疗设备购置、人力资源配置等方面，统筹考虑区域内医疗卫生资源的存量和增量，避免重复浪费。禁止基层医疗卫生机构的贷款行为，严格限制公立医院的贷款行为。不管是公立医疗机构还是私立医疗机构，其基本建设和大型设备购置均需按程序严格审批。

（2）完善定价制度，规范诊疗行为。针对目前基本药物价格制定、招标采购方面存在的突出问题，进一步完善定价制度和集中招标采购制度。推进反腐倡廉建设，对医药购销领域的不正之风进行严厉打击。对基本药物目录和基本医疗保险目录进行严格管理，新增目录药品或替换目录药品必须对药品的有效性和成本效益进行严格论证和分析。制定规范化的临床路径，规范诊疗行为。严格限制高档医疗器械、高档医疗耗材和高档药品的利用，杜绝不必要的"大检查"行为。在取消药品加成的医疗机构，一定要严格控制"大处方"的行为，彻底切断医院、医生及药商之间的经济利益联系。

（3）加快信息系统建设。以传统的、纸张为基础的医疗卫生系统是影响医疗卫生服务质量和效益乃至出现"大处方"、"大检查"的根源之一，也是医保控费管理薄弱的基本根源。奥巴马应对医疗费用增长的一大措施就是推广规范化的电子病历，并要求所有医院和医生公开医疗成本、质量等信息，所有医保机构都要公开保费用于患者报销和管理费用的比例，便于患者和社会监督。要加大加快这方面的建设步伐，用技术控制费用，改善服务，杜绝谋私。

（4）合理界定个人责任。为防止对医疗服务的过度利用，大多数国家都强调患者的个人责任，除了强调个人要养成良好的

卫生习惯、自觉预防疾病外，还规定个人对医疗费用必须自付一定比例。一方面，要引导群众树立科学的医疗消费观念，改变"多吃药、吃贵药、看名医、住名院、重复检查、高档检查"等不良医疗消费倾向。另一方面，在加大医保投入、提高医保报销水平的同时，还要给个人自付留有一定空间。对于特需医疗服务，由个人直接付费或通过商业健康保险支付。对于基本医疗服务，医保报销也不是越高越好，当报销达到一定比例（如80%）时，一般不宜再继续提高。对于重大疾病，可以考虑在下一步提高财政对新农合和居民医保的补助标准时，从中抽出一部分专门用于解决重大疾病的二次补偿。此外，在群众中普遍开展疾病预防等公共卫生工作，也能"以小投入省大钱"。

（5）改革付费机制，充分发挥医保基金作用。付费机制改革是控制医疗费用的一个十分重要的环节，其重要性还未引起足够重视，下一步应大力推广。现实的情况是，"医生点菜、病人买单"。患者的"散户"特征，决定了其难以与医疗机构在谈判中平起平坐，必须由医保经办机构作为患者的代表，发挥集团购买者的作用，通过推行按病种付费、按人头付费、总额预付等方式，对医疗机构实施制约和监控。要健全医疗费用考核机制，制定一系列指标对医疗管理效率进行考核，如床位使用率、医生日均门诊人次数、平均住院天数、门诊均次费用、住院均次费用、事故发生率等。同时，也要切实增加参保者对医保经办机构的影响力，并促进医保经办机构的竞争。

总之，一方面，要想方设法弱化服务提供方诱导需求的效应；另一方面，要给管理者提高效率、降低费用的压力和动力。

建议在中央和省级层面，由统计部门统计城乡医疗费用的变化情况，接受社会监督。

（二）如何更好地发挥市场机制的作用

我国医疗卫生事业的发展，依赖于"政府主导、多元共举"局面的形成和有效发挥作用。因此应做到：

1. 切实加大投入，履行好政府职责

此次医改方案明确提出，建立政府主导的多元卫生投入机制，确立政府在提供公共卫生和基本医疗服务中的主导地位。2009—2011 年，各级政府用于五项重点改革的新增投入 8500 亿元。安排好和使用好这笔资金，是党中央、国务院交给财政部门的一项光荣而艰巨的任务。财政部门将克服困难，主动调整财政支出结构，不折不扣地完成既定投入目标。如果经济和财政发展状况较好，还要争取超额完成这一任务。

同时，要统筹考虑可持续问题。医疗保障水平要与经济社会发展水平相适应，保障水平过低不能满足群众需求，而且人们为防病大量储蓄，还会抑制消费需求；保障水平过高又会给政府带来沉重负担，造成财政的不可持续。医疗保障水平存在刚性，只能提高，不能下降，制定经济政策时要充分考虑这一因素。近几十年来，一些发达国家在这方面有经验也有教训。20 世纪 70 年代中后期，发达资本主义国家因两次石油危机而出现滞胀，经济陷入衰退，财政状况恶化。与此同时，不断攀升的失业率和提前退休现象的增加反而造成社会保障支出更快增加，国家财政和社会不堪重负。在此背景下，人们不得不对当时"从摇篮到坟墓"的福利体制进行深刻反思和一系列的改革。目前，受国际金融危机等因素影响，陷入主权债务危机的希腊等国为控制赤字而缩减福利，造成大罢工和社会混乱，进一步暴露了这些国家福利制度存在的深层次问题和矛盾。发展中国家也有这方面的前车之鉴。进入 20 世纪 80 年代后，拉美国家无视自己人均 GDP 只有几千美元，过早照搬人均 GDP 已达到 2 万—4 万美元的发达国家实施的一系列社会福利制度，结果导致财政赤字过大，国内外债台高筑，引发通货膨胀、债务危机、金融危机，最终导致经济增长停滞、就业形势恶化、收入差距越来越大。

过去我们在社会保障方面有欠账，所以这次医改的目标就是要强调"基本医疗卫生制度"的"公共产品"性质，加大政府投入，提高医疗保障水平。但也要防止出现不顾我国和当地经济社会发展水平过度追求高保障水平。

2. 鼓励和支持民资办医

"把基本医疗卫生制度作为公共产品向全民提供"，其中一个基本内涵就是，政府要确保每个公民能够得到基本医疗卫生服务，但并不是说基本医疗服务一定要由政府提供，在提供基本医疗卫生服务时也应大力引入市场机制。此外，非基本医疗卫生服务更应主要由市场提供。因此，要科学设计政府办医和市场办医各自所占比重，为社会力量办医留出生存和发展空间。

医改方案出台以来，笔者曾经多次到各地调研，发现即便像广东、福建这些民营经济活跃的地区，尽管民营医疗机构数量不少，但大多都是"小打小闹"，难以形成有效的竞争。目前，由发改委牵头、有关部门参与制定的鼓励社会力量办医的配套文件即将下发。文件提出，在调整和新增医疗卫生资源时，在符合准入标准的条件下，优先考虑社会资本举办医疗机构，鼓励社会资本规范参与部分公立医院改制重组。同时，明确了一系列支持民办医疗机构发展的优惠政策。下一步要切实将这些政策措施真正落到实处。

3. 积极发展商业健康保险

一是鼓励商业保险机构开发适应不同层次需要的健康保险产品，满足群众多样化的健康需求。鼓励企业和个人发展补充医疗保险，鼓励个人购买和鼓励商业保险公司发展个人特需医疗保险，解决基本医疗保障之外的"非基本"需求。二是总结部分地区试点经验，在确保基金安全和有效监管的前提下，积极提倡政府购买医疗保障服务的方式，探索委托具有资质的商业保险机构经办基本医疗保障业务。广东湛江，河南新乡、洛阳，江苏江阴等地的经验表明，委托商业保险机构经办基本医疗保障业务，收到了很好的效果。三是医疗保险两家管的问题要解决，由一家来管。但不管哪家管，都要尽可能改变自己建队伍直接办的方式，要充分发挥保险机构的作用。

4. 部分城市要重视发展医疗卫生产业

首先，可借鉴国际教育服务贸易将教育服务作为一种商品在国际进行有偿交换的做法，在医疗卫生领域开展国际医疗服务贸易。东部一些发达的城市，如上海、广州、厦门等，可开发高端医疗市场，对国内要形成市场吸引力，吸引外地的人到那里去；上述城市对国外也要形成吸引力，让人家到那里去。其次，我国的药品和医疗器械也要立足国内市场，放眼国际市场，这是一个非常大的产业。在新一轮产业布局调整中应有针对性地加大这方面的力度。期盼我们这个 13 亿人口的大国，用 10 年时间药品和医疗器械大都用自研的产品，再用 10 年时间能大量出口。

5. 大力发展慈善医疗事业

慈善事业在各国特别是西方国家社会保障事业中发挥着重要作用，被喻为继市场的初次分配和政府的再分配之后的"第三次分配"。近年来，我国慈善事业取得了较快发展，但总体来看仍然比较落后，与其他一些国家相比还有明显差距。因此，要从改革慈善组织管理体制、完善相关税收优惠政策、大力弘扬慈善理念等方面入手，切实鼓励社会力量兴办慈善医疗机构，或向医疗保险、医疗救助、医疗机构等进行慈善捐赠。

（三）如何更好地形成落实医改政策的合力

医疗卫生体系是复杂的社会经济体，包含一系列的困难和常常是相互冲突的目标，卫生系统有些人想的是提高自己的收入，医保系统有些人想的是提高筹资水平，财政系统则有人指出存在的浪费和低效率。这些都需要统筹兼顾，妥善解决。只有这样，才能形成改革合力。

1. 要明确划分中央与地方的责任，调动两个积极性

在中国这样一个人口众多、地域广阔、实行分税分级财政体制的国家，要实现人人享有基本医疗卫生服务，必须发挥中央和地方两个积极性，上下联动，形成合力。应该讲，医改方案的推出并取得初步成效，地方政府是顾全大局，作出了很大努力的。另一方面，中央财政也承担了比以往更多的责任。在三年新增投入 8500 亿元中，中央政府投入占了近 40%，前三年度中央政府和地方政府的分担比例约为 27∶73。因此，推进医改工作，必须妥善处理好中央和地方之间的关系，明确中央政府和地方政府在医疗卫生领域的事权和支出责任，形成职责明确、分级负担、财力与事权相匹配的卫生投入机制。

2. 各相关部门要密切配合，加强协调

医改涉及部门较多，国务院医改领导小组的成员单位就有 20 个，地方医改领导小组也由多个部门组成，医改经济政策也涉及发改、卫生、人社、民政等多个部门。每个部门的职责不同，看问题的角度不同，处理问题的思路和方法也难免有差异。财政部门一方面要创造性地发挥财政职能作用，积极主动为当地党委、政府和医改领导小组出主意、想办法，发挥好参谋助手的作用。另一方面，要学会换位思考，多从其他部门的角度思考问题，多体谅相关部门的难处，多倾听相关部门的呼声，主动支持和配合相关部门，共同推进医改经济政策的落实。在明确各级政府、各个部门责任的前提下，科学设计评价指标体系，以绩效考核推动贯彻落实。

3. 要真抓实干，确保各项医改政策落实到位

此次医改，党中央、国务院下了很大的决心，温家宝总理在 2010 年的政府工作报告中指出，"我们要克服一切困难，把这个世界性难题解决好"。2009 年，医改的两个主文件已经出台，配套文件也出台了 17 个，还会出台几个配套文件。应该讲，文

件出的已经不少了，下一步的关键是如何把文件精神变成改革措施，把改革措施变成改革成效。2010年是完成三年医改任务十分关键的一年，要从医改的大局出发去思考问题、解决问题，真抓实干，增强执行力，把各项改革政策落到实处，创造性地多出经验。

4. 在落实医改政策时还要注意时序经济的问题

这是医改政策中的一个重要命题。在医疗卫生领域，因违背生产要素的合理时序安排而造成浪费的例子屡见不鲜。比如，在引进先进医疗技术设备时，往往不注意配套建设，在人才培训、房屋设施、仪器维修等方面缺乏安排，结果是设备来了，无处安装，再想办法盖房子；设备安装好了，又没人会用，再派人去学习。这样浪费了许多时间，甚至造成设备锈蚀、报废。又比如，"非典"以后，注重加强了公共卫生体系建设，一些地方CDC的办公楼建得很气派、很宽敞，但人员培训没有及时跟上。现在基层医疗卫生机构硬件改善步子很大，但有些地方人才培养未能及时匹配。基本药物目录推出了，但生产、采购管理和改革还有待加强。再比如，公立医院改革能否成功，关键是有无一批优秀的院长。目前在抓全科医生培养的同时，就可考虑着手培养一大批公立医院院长的工作。若等公立医院改革时再培训，就来不及了。因此，要深刻认识时序经济的重要性，合理安排硬件建设和软件建设的时间进度，协调好医疗技术设备因素和人力因素的时间配合，实现医疗卫生领域各生产要素的优化组合，使各项医改经济政策发挥较佳的政策效果。

5. 正确引导舆论，加大宣传力度

全面准确地宣传医改政策，既要让群众对医改充满信心，又要避免吊群众胃口，让老百姓理解改革、支持改革。

有效的改革需要在雄心勃勃的规划和注重细节的操作间取得平衡。医改在目前大的财税和经济政策已定的情况下，要狠抓落实，在推进中总结经验教训，为制定好下一个三年或六年的发展目标、政策和规划打好基础。这是一个充满智慧、活力、激情，展现判断力、决断力、执行力的竞技场，让我们齐心协力，全力予以推进，确保医改取得预期效果。

公共财政尽心尽力
农村社保快速发展①

加快农村社会保障制度建设，是促进农业和农村发展、改善农民基本生活、大力推进社会主义新农村建设的内在要求，对于健全社会保障体系、统筹城乡经济社会发展、加快构建社会主义和谐社会和全面建设小康社会都具有非常重要的战略意义。

一、近年来农村社保工作取得长足发展

新中国成立后，党和国家对改善民生、发展社会事业一直高度重视。计划经济时期，由于生产力发展水平较低，以及巩固政权和为工业化积累资本的需要，采取了先城市后农村的发展战略。政府的社会保障责任主要限于城镇有工作的居民及其家属，农村社会保障则采取集体保障为主、家庭保障为辅的形

① 本文系根据作者2010年6月在国家行政学院举办的"省部级农村社保专题研讨班"上的讲课内容整理而成。

式，主要对一些没有劳动能力且无依无靠的老人、残疾人和孤儿，由集体实行"五保"。改革开放以来直到 21 世纪初，我国经济社会发展和体制改革的重心在城市，社会保障制度建设主要是服务于市场化改革特别是国有企业改革进程的需要，率先在城市展开。在此期间，农村集体经济的逐步衰落对传统的合作医疗、农村"五保"供养等保障制度造成了冲击，政府组织实施的社会保障项目相对较少，扶持力度不大，制度不成体系，社会化程度低，农村社会保障制度建设进展缓慢。

在我国农村社会保障制度发展历程中，党的十六大是一个重要的分界线。党的十六大提出了全面建设小康社会的奋斗目标，明确要求建立健全同经济发展水平相适应的社会保障体系，探索建立农村养老、医疗保险和最低生活保障制度。按照中央的统一部署，各级政府将加快建立农村社会保障体系，作为贯彻以人为本的科学发展观的重要内容并着力推动。各级财政部门，积极发挥公共财政职能作用，大力支持农村社会保障等社会事业发展，农村社会保障制度建设进入新的历史阶段。主要成就体现在以下几方面：

（一）保障项目不断增加

2003 年以前，农村社会保障项目很少，主要包括"五保"供养、自然灾害生活救助、优抚对象抚恤补助以及低水平的合作医疗，少数地区自发开展的养老保险等。不仅项目很少，资金来源也相当不稳定。在 2003 年至 2010 年短短八年的时间里，农村社会保障项目如雨后春笋，陆续建立起来，其密集程度在我国乃至世界社会保障发展史上都是少见的。

　　如表 3-1 所示，目前我国社会保障政策体系大致可以划分为九个方面和 61 个具体项目。这些具体项目有三类，一是按照政策规定针对城镇职工和城镇居民的社会保障项目，如城镇职工基本医疗保险、生育保险、行政事业单位离退休制度、公务员医疗补助政策等；二是专门针对农村居民的社会保障政策，如新型农村合作医疗、新型农村社会养老保险、农村"五保"供养、自然灾害生活救助政策、农村危房改造政策、农村孕产妇住院分娩、计划生育家庭奖励扶助政策、扶贫政策和农业与农民补贴政策等；三是城乡居民只要符合条件都可以享受的社会保障项目，如优抚安置政策、国家免疫规划政策、15 岁以下人群补种乙肝疫苗、残疾人福利和老年人福利等政策。总的来看：经过近八年的努力，我国农村社会保障制度框架已基本形成，初步建立起了针对广大农村居民的从出生（生育妇女补服叶酸＋住院分娩补助＋儿童福利）到养老（新农保＋计划生育家庭奖励＋老年人福利），从医疗（新农合＋农村医疗救助＋公共卫生）到教育（农村义务教育），从生活保障（农村低保＋自然灾害生活救助＋扶贫＋农民补贴＋残疾人事业）到住房保障（农村危房改造，对农民工进城建造的出租房，暂不展开讨论）再到就业保障（针对农民工的就业和社保政策）在内的渐成体系的社会保障"安全网"。可以这样讲，单就社会保障项目而言，一般城镇居民有的，农村居民也都有了。有的是纳入制度的覆盖范围，有的是为农村居民建立了类似的项目。当然，有些社会保障项目是城镇居民特有的，有些社会保障项目是农村居民特有的。

关于农村社会保障的口径，国内外并没有一个统一的划分标准，表 3-1 中涉及的农村社会保障项目可以称为"中口径"。除此之外，若再加上农业综合开发、沼气推广、建设社会主义新农村等有关政策，就是"大口径"农村社会保障政策的概念。为便于分析和比较，本书采用"小口径"概念，即主要包括新型农村合作医疗、农村医疗救助、新型农村社会养老保险、农村居民最低生活保障、农村"五保"供养、自然灾害生活救助、农村危房改造、农村义务教育、优抚对象抚恤补助以及计划生育家庭奖励等十个项目。

表 3-1　社会保障政策分类

一、社会保险政策	二、社会救助政策	三、优抚安置政策	四、社会福利政策	五、义务教育政策	六、公共卫生政策	七、就业政策	八、扶贫政策	九、农民补贴政策
1. 基本养老保险	1. 城市居民最低生活保障	1. 优抚对象抚恤补助	1. 残疾人事业	1. 城市义务教育	1. 基本公共卫生服务	1. 税费减免	1. 财政扶贫资金（发展资金）	1. 农作物良种补贴
2. 基本医疗保险	2. 城市生活无着的流浪乞讨人员救助管理	2. 退役士兵安置	2. 老年人福利	2. 农村义务教育	2. 国家免疫规划	2. 小额担保贷款	2. "三西"资金	2. 农机购置补贴
3. 失业保险	3. 农村"五保"供养	3. 军队离退休人员安置	3. 儿童福利		3. 艾滋病患者救治	3. 社会保险补贴	3. 少数民族发展资金	3. 粮食直补

一、社会保险政策	二、社会救助政策	三、优抚安置政策	四、社会福利政策	五、义务教育政策	六、公共卫生政策	七、就业政策	八、扶贫政策	九、农民补贴政策
4.工伤保险	4.农村居民最低生活保障	4.优抚对象医疗补助	4.计划生育家庭奖励		4.结核病患者救治	4.岗位补贴	4.国有贫困农场扶贫资金	4.农资综合补贴
5.生育保险	5.自然灾害生活救助	5.义务兵优待			5.血吸虫病救治	5.职业介绍补贴	5.国有贫困林场扶贫资金	5.家电下乡
6.行政事业单位离退休制度	6.城市医疗救助				6.包虫病、疟疾、麻风病救治	6.职业培训补贴	6.扶贫贷款财政贴息资金	6.汽车摩托车下乡
7.公务员医疗补助	7.农村医疗救助				7.农村孕产妇住院分娩	7.职业技能鉴定补贴		
8.新型农村合作医疗	8.农村危房改造				8.农村妇女孕前和孕早期补服叶酸	8.特定政策补助		
9.城镇居民基本医疗保险					9.15岁以下人群补种乙肝疫苗	9.扩大失业保险支出范围试点		
10.新型农村社会养老保险					10.贫困白内障患者复明	10.农民工就业政策		

表 3-2　农村社会保障项目——社会保险政策

项目	政策内容	有关标准或资金来源
新型农村合作医疗	由政府组织、引导、支持，农民自愿参加，个人、集体和政府多方筹资，以大病统筹为主的农民医疗互助共济制度。从 2003 年开始试点，2008 年实现全覆盖	2010 年开始，全国新农合筹资水平提高到每人每年 150 元，其中财政补助 120 元，个人缴费 30 元。中央财政对中西部地区按人均 60 元补助，对东部省份按照一定比例补助
新型农村社会养老保险	从 2009 年开始在全国 10% 的县开展试点，以后逐步扩大试点范围，"十二五"时期基本实现全覆盖。采取社会统筹与个人账户相结合的制度模式，新农保基金由个人缴费、集体补助、政府补贴构成。政府对符合待遇领取条件的参保人全额支付基础养老金，中央财政对中西部地区按中央确定的基础养老金标准给予全额补助，对东部地区给予 50% 的补助。同时，地方政府对参保农民缴费给予补贴	新农保个人缴费标准设为每年 100 元、200 元、300 元、400 元、500 元 5 个档次，地方可增设缴费档次。中央确定的基础养老金标准为 55 元 / 人月。地方政府缴费补贴标准不低于每人每年 30 元。对农村重度残疾人等缴费困难群体，地方政府为其代缴部分或全部最低标准的养老保险费

表 3-3　农村社会保障项目——社会救助政策

项目	政策内容	有关标准或资金来源
农村"五保"供养	农村"五保"供养标准不得低于当地村民的平均生活水平。"五保"供养资金在地方财政预算中安排；有农村集体经营等收入的地方，可以从农村集体经营等收入中安排；"五保"供养对象原承包土地委托他人代耕的，其收益归该"五保"供养对象所有。中央财政通过农村税费改革转移支付安排补助资金	2009 年年底，农村"五保"集中供养平均每人每年 2587 元；分散供养平均每人每年 1843 元

项目	政策内容	有关标准或资金来源
农村居民最低生活保障	从 2007 年开始建立，凡家庭年人均纯收入低于当地低保标准的农村居民，均可按规定领取低保补助，农村低保标准由县级以上地方人民政府按照能够维持当地农村居民全年基本生活所必需的吃饭、穿衣、用水、用电等费用确定	2009 年年底，低保标准为每人每月 101 元，补差水平为每人每月 64 元
自然灾害生活救助	2007 年，将受灾群众春荒救济和冬令救济合并为受灾群众冬春临时生活困难救助，增设旱灾救助项目；将新灾口粮救济合并到应急项目中	中央财政补助标准：冬春受灾群众临时生活困难救助人均 50 元；紧急转移安置人均 150 元；旱灾人均 30 元；地震倒塌和严重损房每户 10000 元，其他灾害每户 7000 元；地震一般损房每户 900 元；死亡抚慰金每位遇难人员 5000 元
农村医疗救助	通过政府拨款和社会各界自愿捐助等多渠道筹资，对患大病农村"五保"户、低保家庭成员和其他经济困难家庭人员实行医疗救助。对救助对象，资助其参加新农合，并对其难以负担的新农合自付费用给予补助。从 2003 年开始试点	2010 年中央财政安排补助资金 86.7 亿元
农村危房改造	2008 年，在贵州省率先开展农村危房改造试点工作，2009 年起扩大试点范围。中央扩大试点补助对象，重点是居住在危房中的农村分散供养"五保"户、低保户、贫困残疾人家庭和其他贫困户	2010 年中央补助标准为户均 6000 元，边境一线户和节能示范户在此基础上再增加 2000 元

表 3-4　农村社会保障项目——优抚安置政策

项目	政策内容	有关标准或资金来源
带病回乡退伍军人	对带病回乡退伍军人，由各地按一定标准给予补助，其中中央财政对东、中、西部地区给予不同标准的补助	各地按不低于 200 元，不高于十级残疾军人抚恤金标准确定，中央财政按东部每人每年 960 元、中部 1440 元、西部 1920 元、兵团 2400 元的标准安排
三属	对烈属、因公牺牲军人遗属、病故军人遗属，按照一定标准给予补助。现役军人死亡，根据其死亡性质和死亡时的月工资标准，由县级人民政府民政部门发给其遗属一次性抚恤金。获得荣誉号或者立功的由县级人民政府民政部门按照 5%—35% 比例增发一次性抚恤金。对符合困难条件的"三属"发给定期抚恤金。享受定期抚恤金的"三属"死亡的增发 6 个月其原享受的定期抚恤金，作为丧葬补助费	现役军人死亡，遗属抚恤金标准：烈士 80 个月工资；因公牺牲 40 个月工资；病故 20 个月工资。符合困难条件的"三属"定期抚恤金标准：现行标准最高为每年 4760 元，最低为每年 4350 元
三红	对在乡退伍红军老战士、西路军红军老战士、红军失散人员参照全国职工平均工资水平发给生活补助	现行标准为在乡退伍红军老战士每年 18080 元，在乡西路军红军老战士 18080 元，红军失散人员 7820 元
在乡复员军人	对年老体弱、没有工作、生活困难的在乡老复员军人发放抚恤补助，主要由地方人民政府负责保障，对在乡老复员军人人数较多、财政困难的革命老区和贫困地区，中央和省级财政在安排转移支付资金时给予照顾	中央财政补助标准：东部 7 省抗日时期的为 2932 元，其他时期的为 2572 元；中西部 25 省抗日时期的为 3422 元，其他时期的为 3062 元
参战人员	对在农村的家庭生活困难的参战退役人员，按照一定标准发给补助	每人每月补助 200 元。中央财政对东部每人每月补助 80 元，对中部补助 120 元，对西部补助 160 元，对新疆兵团补助 200 元

项目	政策内容	有关标准或资金来源
参试人员	对不符合评残和享受带病回乡退伍军人生活补助条件，但患病或生活困难的农村原8023部队退役人员，按照一定标准发放补助	每人每月补助200元。中央财政对东部每人每月补助80元，对中部补助120元，对西部补助160元，对新疆兵团补助200元
新中国成立前入党的农村老党员	对新中国成立前入党的农村老党员，按照一定标准发放补助	抗战前入党的，每人每年4440元；抗战时期入党的，每人每年3720元；解放战争时期入党的，每人每年2760元；已享受优抚对象抚恤补助的老党员，每人每年600元。中央财政适当补助
优抚对象医疗补助	对残疾军人、带病回乡退伍军人、三属、在乡复员军人、参战人员给予一定医疗补助	老红军的医疗待遇不变，医疗费用按原资金渠道解决。国家对一级至六级残疾军人的医疗费用按照规定予以保障。七级至十级残疾军人旧伤复发的医疗费用，已经参加工伤保险的，由工伤保险基金支付，未参加工伤保险，有工作的由工作单位解决，没有工作的由当地县级以上地方人民政府负责解决；七级至十级残疾军人旧伤复发以外的医疗费用，未参加医疗保险且本人支付有困难的，由当地县级以上地方人民政府酌情给予补助。残疾军人、复员军人、带病回乡退伍军人以及烈士遗属、因公牺牲军人遗属、病故军人遗属享受医疗优惠待遇

表 3-5 农村社会保障项目——社会福利政策

项目	政策内容	有关标准或资金来源
残疾人事业	根据 2008 年修订的《中华人民共和国残疾人保障法》，国家保障残疾人享有康复服务的权利；平等接受教育的权利、劳动的权利；平等参与文化生活的权利及各项社会保障的权利。将残疾人事业经费列入财政预算，建立稳定的经费保障机制。坚持地方投入为主、中央补助为辅的原则，通过财政预算、专项彩票公益金、残疾人就业保障金、残疾人福利基金、企事业单位赞助等社会捐助多渠道筹集资金	根据不同的康复、救治项目给予每人 50 元到 3600 元不等的补助
老年人福利	根据《老年人权益保障法》等规定，由各地根据实际情况确定老年福利服务水平，孤寡老人可在福利院或敬老院供养	各地自定
儿童福利	根据《未成年人权益保障法》等规定，由各地根据实际情况确定儿童福利服务水平，孤残儿童可在福利院抚养	各地自定
计划生育家庭奖励	从 2004 年开始，对 1973 年至 2001 年间没有违反计划生育政策，现有一个子女或现存两个女孩或子女死亡现无子女，年满 60 周岁的农业户口夫妇，实行奖励扶助	目前补助标准每人每年 720 元。中央财政对东、中、西部地区按照不同标准补助

表 3-6 农村社会保障项目——义务教育政策

项目	政策内容	有关标准或资金来源
农村义务教育	从 2006 年起，在西部地区全部免除农村义务教育阶段学生的学杂费、书本费，对寄宿生生活费给予补助，即"两免一补"。从 2007 年起，在全国范围内全面实施	免费教科书：小学 90 元（每人每年，下同），初中 180 元；寄宿生活费：小学 500 元，初中 750 元；免除学杂费，补助学校公用经费

表3-7 农村社会保障项目——公共卫生政策

项目	政策内容	有关标准或资金来源
基本公共卫生服务	从2009年开始，逐步在全国统一建立居民健康档案，并实施管理。定期为65岁以上老年人做健康检查、为3岁以下婴幼儿做生长发育检查、为孕产妇做产前检查和产后访视，为高血压、糖尿病、精神疾病、艾滋病、结核病等人群提供防治指导服务	基本公共卫生服务按项目为城乡居民免费提供，所需经费由政府预算安排。2009年人均基本公共卫生服务经费标准不低于15元，2011年不低于20元。中央给予适当补助
国家免疫规划	对国家免疫规划确定的疫苗，省、自治区、直辖市人民政府在执行国家免疫规划时增加的疫苗，以及县级以上人民政府或者其卫生主管部门组织的应急接种或者群体性预防接种所使用的疫苗，由政府免费提供	纳入国家免疫规划的常规免疫以及国家确定的群体性预防接种和重点人群应急接种所需疫苗和注射器的购置费用由中央财政承担。县级政府保证预防接种所需经费，国家根据需要对贫困地区的预防接种工作给予适当支持
艾滋病患者救治	向农村艾滋病病人免费提供抗艾滋病病毒治疗药品；对农村经济困难的艾滋病病毒感染者、艾滋病病人适当减免抗机会性感染治疗药品的费用；向接受艾滋病咨询、检测的人员免费提供咨询和初筛检测；向感染艾滋病病毒的孕产妇免费提供预防艾滋病母婴传播的治疗和咨询。生活困难的艾滋病病人遗留的孤儿和感染艾滋病病毒的未成年人接受义务教育的，应当免收杂费、书本费；接受学前教育和高中阶段教育的，应当减免学费等相关费用。县级以上地方人民政府应当对生活困难并符合社会救助条件的艾滋病病毒感染者、艾滋病病人及其家属给予生活救助("四免一关怀")	县级以上地方人民政府按照本级政府的职责，负责艾滋病预防、控制、监督工作所需经费。中央财政对在艾滋病流行严重地区和贫困地区实施的艾滋病防治重大项目给予补助

项目	政策内容	有关标准或资金来源
结核病患者救治	实行肺结核病治疗费用"收、减、免"政策，对没有支付能力的传染性肺结核病患者实行免费治疗	中央财政设立结核病防治专项经费，地方各级财政纳入地方财政预算
血吸虫病救治	国家对农民免费提供抗血吸虫基本预防药物，对经济困难农民的血吸虫病治疗费用予以减免。血吸虫病防治地区县级以上地方人民政府民政部门对符合救助条件的血吸虫病人进行救助。国家对家畜免费实施血吸虫病检查和治疗，免费提供抗血吸虫基本预防药物	国家对经济困难地区的血吸虫病防治经费、血吸虫病重大疫情应急处理经费给予适当补助，对承担血吸虫病防治任务的机构的基本建设和跨地区的血吸虫病防治重大工程项目给予必要支持
包虫病、疟疾、麻风病救治	对包虫病、疟疾、麻风病人按照规定实行免费救治	中央和地方共同分担
农村孕产妇住院分娩	对住院分娩的农村孕产妇按照一定标准给予补助	县级财政将本地区农村孕产妇住院分娩补助所需资金纳入预算。省级财政和中央财政安排专项补助资金，对困难地区予以支持
农村妇女孕前和孕早期补服叶酸	对准备怀孕的农村妇女和孕早期妇女进行健康教育。按照每人每天1片发放叶酸，保证孕前3个月至孕早期3个月服用量	中央和地方共同分担
15岁以下人群补种乙肝疫苗	2009—2011年对1994年至2001年出生的未接种或未完成3针次乙肝疫苗接种的儿童进行接种	项目实施所需经费由中央财政和地方财政共同承担。中央财政承担疫苗、注射器购置经费
贫困白内障患者复明	对符合条件的贫困白内障患者实施复明手术给予补助	中央和地方共同分担

表3-8 农村社会保障项目——农民工就业和社保政策

项目	政策内容	有关标准或资金来源
税收	对农业生产者（包括单位和个人）销售的自产农业产品免征增值税；对农牧保险以及相关技术培训业务、家禽的配种和疾病防治等免征营业税；对个人或个体户从事种植业、养殖业、饲养业、捕捞业取得的"四业"所得暂不征收个人所得税等	
小额担保贷款	符合条件的农村劳动者可按规定申请小额担保贷款，具体范围由省级政府确定	对申请小额担保贷款从事微利项目的，中央财政给予全额贴息。小额担保贷款的最高额度为5万元，妇女最高额度为8万元，对符合条件的人员合伙经营和组织起来就业的，经办金融机构可适当扩大贷款规模，其中妇女人均最高额度为10万元
公共就业服务	公共就业服务机构要向劳动者提供免费的就业服务	公共就业服务经费纳入同级财政预算
职业技能培训	进城求职农村劳动者参加职业培训，根据培训和就业状况，给予职业培训补贴	中央财政和地方财政共担
农村劳动力培训"阳光工程"	农村劳动力转移培训"阳光工程"，主要是提高农民非农就业技能，促进农村富余劳动力向二三产业转移，"阳光工程"培训补助资金主要是对受训农民培训学费给予补贴	中央财政和地方财政共担
农村科技培训"星火计划"	依托科技项目，对返乡农民工和在乡农民进行面向农村生产生活的实用技术培训。"星火计划"主要支持科技成果在农村产业化和社区发展中的应用示范，此外，有的科技部门设立单独的培训项目，有的还结合各类农村科技项目，对在乡农民开展多种实用技术培训	中央财政和地方财政共担

项目	政策内容	有关标准或资金来源
贫困地区劳动力转移培训"雨露计划"	通过职业教育、创业培训和农民实用技术培训等方式，帮助贫困农民转移就业、自主创业	中央财政和地方财政共担
新型农民科技培训	对务农农民开展农业生产技术及其相关知识培训，提高农民的务农技能，促进现代农业发展，增加农民收入	中央财政和地方财政共担
家政服务工程	对开展家政人员培训并安排就业的，予以补助，符合条件的农村进城务工人员可按规定享受补助	中央财政和地方财政共担
职业技能鉴定	进城务工的农村劳动者通过初次职业技能鉴定（限国家规定实行就业准入制度的特殊工种），取得职业资格证书的，给予一次性职业技能鉴定补贴	中央财政和地方财政共担
社会保险政策	优先解决农民工的工伤保险和大病医疗保险问题，逐步解决养老保险问题	按规定缴费

表3-9　农村社会保障项目——扶贫政策

项目	政策内容	有关标准或资金来源
财政扶贫资金（发展资金）	改善贫困地区生产、生活条件，提高贫困人口收入水平，促进贫困地区经济和社会全面发展。资金具体用于支持贫困地区开展小型基础设施项目建设，发展特色优势产业，开展贫困劳动力培训，促进贫困劳动力就业，帮助贫困家庭通过多种途径增收致富	资金来源于中央财政预算安排，同时，地方政府也根据财力状况安排部分财政扶贫资金。按照扶贫开发"责任到省、任务到省、资金到省、权力到省"的基本原则，中央补助地方的各项财政扶贫资金由地方统筹用于支持当地贫困地区经济社会发展，自主确定和实施项目，中央有关部门给予政策指导
"三西"资金	促进宁夏、甘肃两省区贫困地区农村经济社会发展。按照扶贫开发"责任到省、任务到省、资金到省、权力到省"的基本原则，由地方政府资助确定和实施项目，统筹推进"三西"贫困地区经济社会发展	
少数民族发展资金	支持贫困少数民族地区兴边富民，扶持人口较少民族发展，改善少数民族生产生活条件	
国有贫困农场扶贫资金	用于补助国有贫困农场，支持贫困农场改善生产生活条件，帮助贫困农场职工发展生产，增收致富	
国有贫困林场扶贫资金	用于补助国有贫困林场，支持开展基础设施建设、发展生产、科技推广及培训等项目	
扶贫贷款财政贴息资金	对金融机构发放的扶贫贷款给予贴息，促进贫困地区经济和社会全面发展。固定贴息利率，中央财政在贴息期内，对到户贷款按年利率5%给予贴息，对项目贷款按年利率3%给予贴息。中央财政按1年的期限安排贴息资金，具体贴息期限由各省根据具体情况自主确定	

表 3-10　农村社会保障项目——农民补贴政策

项目	政策内容	有关标准或资金来源
农作物良种补贴	对农民在农业生产中使用良种给予补贴。目前主要补贴品种有：水稻、小麦、玉米、大豆、油菜、棉花、花生、马铃薯、青稞	早稻、小麦、玉米、大豆、油菜、青稞每亩 10 元；中晚稻、棉花 15 元；花生制种每亩 50 元，大园种植每亩 10 元；马铃薯原种生产每亩 500 元，原种扩繁每亩 100 元。中央财政安排补贴资金，按当年播种面积据实结算补贴。补助方式：差价购种补贴和现金直接发放
农机购置补贴	对购买农机具的农民（专业合作组织等）给予补贴	中央财政补贴标准按不超过购机价的 30% 补贴。补贴方式：实行差价购机补贴
粮食直补	从 2004 年起实施，将原来补贴在流通环节的粮食风险基金拿出一部分，直接补贴种粮农民，调动农民种粮积极性	补贴资金从中央与地方共同筹措的粮食风险基金中安排。按国务院要求，各省粮食直补需达到粮食风险基金的一半，具体补贴方式由省级人民政府确定。目前全国补贴规模 151 亿元，已达到风险基金一半要求
农资综合补贴	从 2006 年起实施，补贴资金由中央财政预算单独安排，主要弥补因农资价格上涨造成的农民种粮增支。从 2009 年起，实施农资综合补贴动态调整机制	补贴资金由中央财政预算单独安排，具体补贴方式由省级人民政府确定。2009 年补贴规模 795 亿元，其中对种粮农民直接补贴 716 亿元，集中使用 79 亿元
家电下乡	对农民购买纳入家电下乡补贴范围的家电产品，国家给予一定金额的财政补贴	国家对农民购买下乡产品按销售价格的 13% 给予财政补贴，并对每类家电下乡产品分别设定最高补贴限额。补贴资金由中央财政和地方财政共担
汽车摩托车下乡	对农民新购微型客车、微型载货车、轻型货车，将三轮汽车或低速货车报废并换购微型载货车、轻型载货车，购买摩托车，国家财政给予一定金额补贴	报废三轮汽车每辆补贴 2000 元；报废低速货车，每辆补贴 3000 元。购买微型载货车、轻型载货车和微型客车，销售价格每辆 5 万元及以下的补贴销售价格的 10%；销售价格 5 万元以上的，定额补贴 5000 元。购买摩托车，销售价格每辆 5000 元及以下的，补贴销售价格的 13%；销售价格 5000 元以上的，定额补贴 650 元

（二）覆盖范围不断扩大

　　我国城市社会保障制度建设是在 20 世纪 90 年代末应对亚洲金融危机时开始加速推进的。与之相比，农村社会保障制度在扩大覆盖范围方面的步伐更快。从表 3-11 可以看出，农村社会保障项目的覆盖范围扩大得非常迅速。如新农合制度，从 2003 年下半年开始试点，原定到 2010 年实现全覆盖，实际上到 2008 年就实现了全覆盖的目标，仅用了 5 年多的时间。2003 年只有几千万人参加，到 2009 年年底就增加到 8.33 亿人，参合率达到 94.2%，成为我国参保人数最多的一项社会保障制度。再如农村低保制度，2007 年国务院印发《关于在全国建立农村最低生活保障制度的通知》，2008 年全国所有涉农县（市、区、旗）就都建立了农村低保制度，2009 年年底农村低保对象达到 4759 万人，占农村人口的比重为 5.4%，与城市低保占 5.5% 的比重相当。又如新农保制度，按照试点工作安排，2009 年试点覆盖面为全国 10% 的县（市、区、旗），以后逐步扩大试点。2010 年，新农保覆盖面扩大到全国 23% 的县（市、区、旗），其中西藏、四省（四川、云南、甘肃、青海）藏区和新疆的南疆率先实现全覆盖。如果加上各地自费推进的试点，已达到 40% 的覆盖面，2011 年将有更大一些的覆盖，完全有可能在"十二五"时期实现全覆盖的目标。农村社会保障制度建设进程不断加快，将越来越多的农村居民纳入农村社会保障制度当中，使之分享到公共财政的阳光和改革开放的成果。

表 3-11 农村社会保障覆盖人数及增长变化情况

年份	2003	2004	2005	2006	2007	2008	2009	年均增长（%）
新农合（亿人）		0.8	1.79	4.1	7.26	8.15	8.33	59.78
医疗救助（万人）				1823	3565	4344	5236	42.15
新农保（万人）							5199	
农村低保（万人）					3566	4305	4759	15.52
"五保"供养（万人）	305	328	328	503.3	531.1	548.6	554.3	11.8
灾害救助（万人次）	4625	4715	4574	5571	6000	6184	8489	11.5
危房改造（万户）						4.33	100	
义务教育（万人）				9477	14662	14704	14704	15.77
抚恤优待（万人）		265.9	360	352.5	353.4	348.7		7.01
计划生育家庭奖励（万人）		35.3	135.1	185.1	219.4	258.2	303	53.72

注：新农保 2009 年参保人数为 2010 年 4 月底数字。

（三）保障标准不断提高

在推进农村社会保障制度建设的过程中，随着经济社会发展和国家财力的增强，短短几年内我国已多次提高农村社会保障标准，更好地保障了农村居民的基本生活和基本医疗需要。如表3-12、图 3-1 所示，新农合制度建立之初，中央和地方财政对参合农民的补助标准是每人每年 20 元，从 2006 年起提高到每人每年 40 元，2008 年又提高到每人每年 80 元，2010 年进一步提高到每人每年 120 元。短短 7 年多时间，补助标准就调整了 4 次，提高到原来的 6 倍，年均增长 25.99%，大大高于全国卫生总费用年均 17% 的增长速度。新农合政策范围内住院费用补偿比例已由 30% 左右提高到 55%，农民受益水平明显提高。2009 年出台的医改方案明确提出，要在 3 年内将新农合的报销封顶线提高到农村居民人均纯收入的 6 倍以上。农村低保制度自建立以来，各地根据物价变化和经济发展情况多次调整了保障标准，以更好地保障农村困难人群的基本生活。2007 年至 2009 年，全国农村低保平均补助水平从每月 39 元提高到 64 元，年均增长 28.1%，仅 2008 年一年，国家就三次出台调整农村低保补助水平的政策。"五保"供养标准由 2003 年的每人每年 417 元，提高到 2009 年的 2215 元，年均增长 37.7%。以上几个项目标准，其年均增幅均大大高于同期 CPI 2.63% 的涨幅，高于同期农民人均纯收入 11.92% 的增幅，也高于同期财政收入 22.26% 的增幅。需要说明的是，上述标准只是全国统一标准或平均标准，部分地区特别是发达地区标准还更高一些。

表 3-12　部分农村社会保障项目标准提高情况

（单位：元）

年份	2003	2004	2005	2006	2007	2008	2009	年均增长（%）
新农合（每年）	20	20	20	40	40	80	80	25.99

年份	2003	2004	2005	2006	2007	2008	2009	年均增长（%）
农村低保补助（每月）					39	50	57	28.1
五保供养（每年）	417	990	1064	1225	1416	1900	2215	37.7
义务教育（每年）				381	499	697	795	27.79
CPI年均增长率								2.63
农民人均纯收入年均增长								11.92
财政收入年均增长								22.26

注：新农合的标准是指财政补助标准。2009 年农村低保补助标准剔除了春节一次性补贴，否则年均增长更高。

（单位：%）

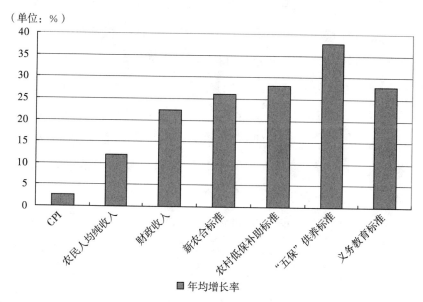

图3-1　部分农村社会保障项目标准提高幅度与CPI、农民人均纯收入增幅对比

（四）管理监督不断加强

在农村社会保障制度体系不断健全的同时，有关部门和许多地方政府还采取了一系列措施，强化管理和监督。一是加快推进信息化建设。特别是根据多数农村社会保障项目直接针对个人的特点，不少地方都在加快建设以个人为单位的农村社会保障信息系统。如安徽省在实施惠民工程"一卡通"的基础上，又实施了"惠民直达"工程，对农村社保对象的动态变化及其应享受的政策、待遇落实情况做实做细，做到实时监控。陕西省宝鸡市推动建立社会事业公共服务平台，将社会保障事务作为其中重要内容之一，通过整合政府相关部门的信息资源，实现部门间数据共享，人力资源和社会保障、民政、卫生等相关部门均可通过这一平台上传数据，社会公众可随时上网查询有关信息。湖北省在新农合试点初期就在试点地区实施电子记账，地市县与省级进行联网。据统计，2009 年全国已有一半以上的省份在省级建立了新农合信息平台，并探索进行全省联网。二是加强各项农村社会保障资金的财务管理。建立健全各项农村社保资金的财务管理办法，将各项农村社保资金全部纳入财政专户，实行收支两条线管理。完善财政补助资金的分配和拨付办法，力求科学、公正、公开、透明，减少资金分配中的人为因素。从 2008 年起，各级财政对新农合补助资金通过国库集中支付方式下达，以减少资金在途时间，保证财政补助资金及时到位。与此同时，我们会同有关部门对农村社保资金管理使用情况进行严格的监督检查，发现问题及时纠正或查处。三是逐步将各项农村社会保障基金纳入社会保险基金预算。从 2010 年开始试编社会保险基金预算，农村社会保障基金也将逐步纳入社会保险基金预算，实行统一管理。

（五）投入力度不断加大

各级财政对农村社会保障投入力度的持续加大，是农村社会保障制度建设加快推进的重要保障。近年来，中央和地方财政在安排预算时，都把农村社会保障作为改善民生的重点予以倾斜，各级财政安排的农村社会保障补助支出大幅增加。从表 3-13、表 3-14 可以看出，全国财政用于农村社会保障的支出由 2005 年（2003 年、2004 年数据有不可比因素）的 264.15 亿元增加到 2009 年的 3054.61 亿元，年均增长 84.41%，远远高于同期全国财政支出 20.61% 的增幅。从几个主要保障项目来看，中央财政补助增幅大大高于全国财政补助增幅。如新农合，全国财政补助支出年均增幅 104.56%，而中央财政补助支出年均增幅 166.78%；又如农村低保，全国财政补助支出年均增幅 87.44%，而中央财政补助支出年均增幅 191.87%；再如义务教育，全国财政补助支出年均增幅 47.95%，而中央财政补助支出年均增幅 64.37%。

表 3-13　全国财政用于农村社会保障支出情况

(单位：亿元)

年份	2005	2006	2007	2008	2009	年均增长（%）
合计	264.15	817.47	1560.8	2685.26	3054.61	84.41
新农合	42.35	150.47	325.91	655.71	741.6	104.56
医疗救助	6	27.63	48.63	63.53	97.63	100.84
新农保					36	
农村低保			109.1	228.24	383.31	87.44
"五保"供养	12.72	32.47	34.90	61.65	75.20	55.93
灾害救助	62.97	70.99	91.57	356.92	120.08	17.51
危房改造				6.02	81.05	
义务教育		361	732	1024.4	1169.2	47.95
抚恤优待	132	163.8	205.53	273.3	328.72	25.62
计划生育家庭奖励	8.11	11.11	13.16	15.49	21.82	28.07

注：表中"五保"供养和计划生育家庭奖励为推算数。

表 3-14　中央财政用于农村社会保障支出情况

(单位：亿元)

年份	2005	2006	2007	2008	2009	年均增长（%）	2010
合计	132.09	357.86	728.33	1308.79	1575.89	85.85	1897.61
新农合	5.42	42.69	113.98	247.02	274.56	166.78	380.00
医疗救助	3.00	9.50	21.20	26.93	54.26	106.22	57.26
新农保					10.8		114.2
农村低保			30	93.65	255.57	191.87	269
"五保"供养	2.54	6.49	6.98	12.33	15.04	55.99	
灾害救助	42.48	51.02	50.39	199.61	75.85	15.60	106.5
危房改造				2	40		75

年份	2005	2006	2007	2008	2009	年均增长（%）	2010
义务教育		150	364.8	578.3	666.1	64.37	693.49
抚恤优待	74.6	92.6	134.4	141.2	172.8	23.37	202.16
计划生育家庭奖励	4.05	5.55	6.58	7.75	10.91	28.11	

注：2010 年为中央财政年初预算安排数。"五保"供养、计划生育家庭奖励为推算数。

需要说明的有两点：

第一，以上数据只是反映了小口径农村社会保障支出的情况，并非财政用于农村社会保障支出的全貌，如果用中口径或大口径，财政用于农村社会保障的支出还会更多。

第二，在农村社会保障支出迅速增长的同时，财政对"三农"的总支出也在迅速增长。各级财政不断完善财政支农惠农政策体系，建立健全财政支农投入和资金运行机制，实现了国家与农民的分配关系由"多取少予"向"少取多予"再向"不取多予"的转变，实现了农村公共产品供给方式由以农民为主向以政府为主的重大转变，有力地促进了农业农村经济发展和农村社会和谐稳定。2003—2009 年，仅中央财政用于支持"三农"的支出就达 28789 亿元，年均增长 22.52%。2010 年中央财政预算安排用于"三农"的支出 8183 亿元，比上年增长 12.8%，是中央财政预算支出增幅 6.3%的 2 倍多（见表 3-15）。如果再加上地方支出，各级财政的支农投入会更大更多。

表 3-15　2003—2009 年中央财政支持"三农"支出情况表

（单位：亿元）

年份	合计	2003	2004	2005	2006	2007	2008	2009	年均增长（％）	2010
合计	28789	2144	2626	2975	3517	4318	5956	7253	22.52	8183
支持农业生产	12000	1122	1256	1411	1507	1802	2260	2642		
对农民补贴	3467	3	148	178	317	525	1046	1250		
支持社会事业发展	9225	402	688	849	1104	1416	2073	2693		
其他	4004	616	534	537	589	576	576	576		

注：表中"其他"是指主要农产品储备费用和利息等支出。

二、多视角分析更应充分肯定农村社保建设的重大意义

通过深入分析我国推进农村社会保障制度建设时所处的发展阶段、社会结构、人口结构、筹资结构及财政状况等多方面因素，并进行国际比较，可以对我国农村社会保障制度建设取得的成就及其意义有一个更加深刻的认识。

（一）从发展阶段看，我国是在经济发展水平不高的情况下快速推进农村社会保障制度建设的

现代社会保障制度特别是社会保险制度是工业化、城市化的产物，在农村建立社会保障制度更应以一定的经济发展水平为

前提。从社会保障发展的一般规律看，发达国家在建立农村社会保障制度之初，人均 GDP 水平至少在 2000 美元以上，按 1990 年美元购买力计算，则普遍在 7000、8000 美元以上（以下皆按照 1990 年美元购买力，以使各国人均 GDP 水平具有可比性）。以农村养老保险制度为例，如表 3-16 所示，德国 1957 年建立农村养老保险制度时人均 GDP 约为 6500 美元，西班牙 1974 年建立农村养老保险制度时人均 GDP 为 8149 美元，葡萄牙 1977 年建立农村养老保险制度时人均 GDP 为 7166 美元，爱尔兰、澳大利亚、意大利等国建立农村养老保险制度时人均 GDP 都超过 10000 美元，日本、法国等相对略低，人均 GDP 也在 5000 多美元的水平。再以农村医疗保险制度为例，如表 3-17 所示，大多数国家都是在人均 GDP 水平超过 8000 美元时，将医疗保障制度覆盖到农村居民的。其中，意大利、西班牙、比利时、以色列等都在 10000 美元以上。

表 3-16　部分国家农村养老保险制度建立时间及发展水平比较

国别	城镇养老保险建立时间	农村养老保险建立时间	相差时间（年）	建立农村养老保险时人均 GDP（美元）
法国	1898	1952	54	5659
德国	1889	1957	68	6492
日本	1891	1961	70	5456
西班牙	1919	1974	55	8149
葡萄牙	1935	1977	42	7166
澳大利亚	1908	1983	75	14197
爱尔兰	1908	1988	80	10198
加拿大	1927	1990	63	18872

国别	城镇养老保险建立时间	农村养老保险建立时间	相差时间（年）	建立农村养老保险时人均GDP（美元）
美国	1935	1990	55	23156
意大利	1919	1990	71	16313

表 3-17　部分国家医疗保障覆盖农村的情况

国别	时间	当时人均 GDP 水平（美元）
瑞典	1960	8688
丹麦	1960	8812
奥地利	1967	8297
比利时	1969	10018
葡萄牙	1970	5473
意大利	1978	12064
希腊	1983	8866
巴西	1988	5158
韩国	1989	8027
西班牙	1990	12055
以色列	1995	14932
泰国	2001	6782
爱沙尼亚	2003	14340
墨西哥	2004	7196

　　我国新农合制度实现全覆盖和新农保制度开始建立时的人均 GDP 水平，低于大多数国家建立农村社会保障制度时的人均 GDP 水平。据国际货币基金组织于 2010 年 4 月发布的数据，我国 2009 年人均 GDP 仅为 3678 美元，排名第 98 位，按购买力评价测算为 6567 美元，排名第 99 位。从推进速度看，我国新农合制度仅用了 5 年多时间就实现了全覆盖，参合率高达 94%。越南 1992 年开始建立医疗保险制度，覆盖面到 2007 年才达到

43%，现在约为 55% 左右。这说明，我国农村社会保障及整个社会保障制度建设推进速度较快，与我国人均 GDP 水平相比不仅不落后，甚至可以讲具有超前性。

此外，就农村社会保障制度建设与城镇社会保障制度建设的时间差而言，我国也是比较短的。农村社会保障制度建设总体上滞后于城市，是现代社会保障事业发展的一个基本规律，只有在经济发展和城市化达到相当程度以后，社会保险等制度才有可能"下乡"。如表 3-16 所示，德国 1889 年就建立了养老保险制度，直到 1957 年才在农村推动养老保险制度建设，其间相差 68 年。美国、法国、加拿大农村社会养老保障制度建设与城市相比也分别有 55 年、54 年、63 年的时滞，时滞较短的葡萄牙为 42 年。总的来看，大多数国家农村养老保险制度建设要滞后于城镇养老保险制度 50 年以上。在我国，城镇社会保障制度体系基本建立应该讲是应对 1998 年亚洲金融危机以后的事情，到现在才不过 10 年多的时间。即使以 1962 年劳动保险制度扩大到城镇集体所有制企业为标志，与新世纪以来大力推动农村社会保障制度建设，也只相差了 40 年左右，仍低于平均值，这也进一步说明我国推进农村社会保障制度建设是比较快的。而且，就部分保障项目而言，农村是早于城市的。比如，新农合制度建设就早于城镇居民医保，新农合从 2003 年开始试点，到 2008 年就实现了全覆盖；而城镇居民医保 2007 年下半年才开始试点，到 2009 年才实现全覆盖。再如，针对农村居民的新农保制度已从 2009 年开始试点，而城镇非就业居民目前还没有相应的制度安排。又如，目前农村孕产妇住院分娩可享受财政补助，而城镇中的孕产妇却没有相应的政策。还有，农村义务教育经费保障机制改革也先于城市实施。

表 3-18　农村与城镇社会保障制度实施情况对比

养老保障	农村已从 2009 年养老保险试点，城镇非就业居民养老保障制度建设尚未启动
医疗保障	新型农村合作医疗制度 2003 年开始试点，比城镇居民基本医疗保险制度提前了 4 年 新农合与城镇居民医疗保险在中央财政补助标准、政策范围内住院费用补偿比例、报销封顶线政策上是一致的
最低生活保障	2009 年，农村低保标准 1210 元，相当于农村居民人均纯收入的 23.4%。城市居民低保标准为 2734 元，相当于城镇居民可支配收入的 15.9%，农村比城镇高 7.5 个百分点
危房改造	农村危房改造在 2008 年贵州试点基础上，2009 年起逐步扩大试点范围。2010 年中央补助标准为户均 6000 元，边境一线户和节能示范户在此基础上再增加 2000 元。城镇未建立针对居民的危房改造政策
义务教育	2007 年在全国农村普遍实施"两免一补"。比城市提前 1 年
公共卫生	2004 年起，对农村孕产妇实行住院分娩补助政策。城镇未建立孕产妇住院分娩补助政策

（二）从分配结构看，我国是在低收入者占比较高的情况下大力推进农村社会保障制度建设的

发达国家在推进农村社会保障制度建设时，分配结构有两个基本特征。一是已经基本形成了橄榄型社会结构。高收入者、中等收入者和低收入者人口数量类似于 1∶2∶1 的结构，至少是低收入者占比较低。即使是一般的发展中国家，社会结构通常也是 1∶2∶3 至多是 1∶2∶6 的状况。二是劳动收入占 GDP 比重较高。在过去 60 年间，大部分 OECD 国家劳动收入占 GDP 的比重在 65% 到 80% 之间。以上两个特征，又与其城市化和工业化发展到了较高阶段有密切关系。从国际经验看，各国在建设农村社会保障制度时，农村劳动力占劳动力总量比重一般低于 20%，农业增加值在国内生产总值中的份额一般低于 15%，很多国家甚至低于 10%。这是农场化、规模化、工业化所致。比如，德国建立农村养老保险制度时，农业增加值仅占 GDP 的 5.7%，农村劳动力占劳动力总量的 13.7%。加拿大建立农村养老保险制度时，农业增加值占 GDP 比重为 3%，农村劳动力占劳动力总量的 3.3%。澳大利亚建立农村养老保险制度时，农业增加值占 GDP 比重仅为 5%，农村劳动力占劳动力总量的 7.2%。相对来讲，葡萄牙和希腊建立农村养老保险时农业增加值和农村劳动力占比较高，但他们的农业生产也已基本实现了工业化、规模化。

表 3-19　部分国家农村养老保险制度建立时
农业增加值和农村劳动力占比情况

国别	农村养老保险建立时间	农业增加值占比（%）	农村劳动力占比（%）
法国	1952	—	26
德国	1957	5.7	13.7
日本	1961	5	19.7
希腊	1961	15	53
西班牙	1974	12	21.5
葡萄牙	1977	24	33.7
智利	1980	8	—
澳大利亚	1983	5	7.2
加拿大	1990	3	3.3
美国	1990	2	2.3

国别	农村养老保险建立时间	农业增加值占比（%）	农村劳动力占比（%）
意大利	1990	3	7.1
中国	2009	10.6	60

　　我国在大力推进农村社会保障制度建设时，分配结构与发达国家相比存在明显差异。一是低收入者占比较高。据有关专家测算，我国13亿人口中，高收入者占3%，中等收入者占13%，中低收入者占23%，低收入者占61%，低收入者和中低收入者所占比重之和达到84%（见图3-2）。二是劳动收入占GDP的比重偏低。据有关部门统计，2009年，我国城镇居民总收入和农村居民总收入占GDP的比重为42.8%，其中农村居民收入占GDP比重仅为10.9%。我国在推进农村社会保障制度建设时所处的城市化和工业化发展阶段与发达国家相比也要落后一些。2009年，我国农村劳动力占比高达60%，远高于大多数国家建立农村养老保险制度时20%甚至10%以下的比重。在这种情况下，各级财政一年3000亿元的小口径农村社保投入，对帮助农民特别是贫困农民增加收入、改善生活的意义，不可低

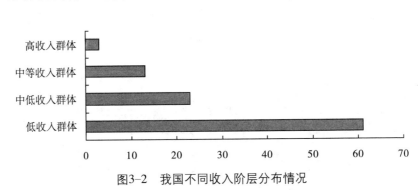

图3-2　我国不同收入阶层分布情况

估。农村社会保障制度近年来迅速扩面，保障水平不断提高，实属不易。

（三）从人口结构看，我国是在严峻的人口老龄化背景下实现农村社会保障制度重大突破的

与其他国家相比，我国农村社会保障制度建设，是在未富又先老且未来老龄化压力异常突出的情况下大力推进的。其一，如表3-20所示，我国当前的老龄化程度与发达国家推进农村社会保障制度时相比并不逊色，甚至还更突出。其二，由于在20世纪70年代以来实行计划生育政策以及我国人均预期寿命提高较快，我国的老龄化程度在所有发展中国家中是最高的。2005年，我国60岁以上人口占总人口的比重为11%，2009年为12.5%，而发展中国家2005年平均水平仅为7.1%。其三，发达国家农村养老金领取年龄普遍为65岁左右，我国农村养老金领取年龄为60岁，这自然会增加农村养老保险制度的支出压力。与65岁相比，60岁开始领取养老金意味着平均领取时间从10年提高到15年，农村养老保险制度的支出压力增加几近一半。其四，未来我国的老龄化进度要显著快于发达国家和其他发展中国家，从2005年到2030年，我国60岁以上人口占总人口的比重将提高12.8个百分点，而同期发展中国家平均仅提高4.8个百分点，美国也只是提高8.2个百分点。据有关专家预测，到2040年，我国60岁以上人口将占总人口的约27.5%，其中80岁以上的高龄老人在5500万人左右。其五，我国农村的老龄化形势与

城市相比更加严峻。虽然我国农村人口预期寿命要低于城镇人口，但由于农村劳动力特别是青壮年劳动力大量流入城市，使得农村常住人口和农业劳动力的老龄化问题凸显出来。以上几方面，意味着我国推进农村社会保障制度建设的覆盖人群广、花钱多、保障难度大。

表3-20　部分国家推进农村养老保险制度建设时老龄化情况

国别	智利	日本	希腊	葡萄牙	西班牙	加拿大	德国	意大利	中国
老龄化程度（60岁以上人口占比％）	6	6	8	10	10	11	12	15	12.5

表3-21　人口老龄化程度国际比较

国别	60岁以上人口占总人口的比重（％）	
	2005年	2030年
中国	11.0	23.8
美国	16.6	24.8
发展中国家平均（不含中国）	7.1	11.9
印度	7.5	12.9
南非	6.6	10.2
巴西	8.8	17.4
印度尼西亚	8.3	16.0
土耳其	8.2	15.9
越南	7.6	15.9
肯尼亚	3.9	5.6
埃及	7.2	12.0
马来西亚	6.7	15.0

资料来源：联合国人口署。

（四）从筹资结构看，我国是在政府承担主要责任的前提下大力推进农村社会保障制度建设的

社会保障筹资结构大体可以分为三种：第一种是政府保障型模式。社会保障事业发展所需资金完全由国家来承担，通过所得税、增值税、消费税、社保税或者其他专项收费来筹集，这要以国家雄厚的财政经济实力为后盾。第二种是社会保险型模式，即由雇主和个人共同缴费参加社会保险，政府也可能给予少量的补贴，实现风险分担。第三种是个人保障型模式，采取由个人购买商业保险的形式，或像新加坡那样由个人缴费建立公积金账户，这种模式更加强调个人的保障责任。当然，以上只是一种大致的划分，要说某个国家绝对地属于某个类型也不尽然，很多是混合型的。

社会保险型和个人保障型在我国农村实行，从近期或中期看是比较困难的。与发达国家不同，他们的农民要么是农场主，要么是农业工人，收入较高，而我国农村居民主要是以一家一户为单位进行生产，且收入水平较低，如果主要依靠自己缴费参加社会保险，农民负担能力和缴费积极性都成问题。因此，单纯的社会保险筹资模式难以启动。此外，由于商业保险存在比较突出的"逆向选择"和"道德风险"问题，加之我国大多数农民在满足基本生活需求后，剩余的可支配收入较少，且没有购买商业保险的习惯，因此个人保障型模式在我国农村更难推广。

至于政府保障型，则通常要以适当的税种、较大的税基、

合适的税率以及强有力的征管为前提。英国按照贝弗里奇计划建设福利国家，在很大程度上是因为其大部分社会成员缴纳社保税。通过社保税等以所得为税基的税种为社会保障制度筹资是最为公平的，不仅相对公平，而且垂直公平，不像消费税那样具有累退性。如表3-22所示，发达国家财政收入中，所得税、社保税等直接税收入占比较高。但是，我国个人所得税税基扣除2000元的起征点后，只有4000多万人交税，个人所得税占税收收入比重仅为5.7%，再提高纳税扣除的话，纳税人还会进一步减少。我国若向农民收个人所得税、社保税，或者像巴西那样对农产品购买方按一定比例征税来为农村社会保障筹资，暂时可能性较小。日本是通过消费税为社会保障筹资，但将食品等日用品等排除在外，我国低收入者占比高，如果照搬日本做法，消费税作用也很有限。

表 3-22 OECD 国家税收收入结构

（单位：%）

年份	1965	1975	1985	1995	2006
个人所得税	26	30	30	27	25
企业所得税	9	8	8	8	11
社保税	18	23	22	25	25
工薪税	1	1	1	1	1
财产税	8	6	5	5	6
一般消费税	14	15	16	18	19
特别消费税	24	18	16	13	11
其他税收	1	0	1	3	3
总计	100	100	100	100	100

　　为满足农村社会保障发展的资金需求，我国在农民适当缴纳一小部分费用的同时，由政府通过调整财政支出结构承担起主要的筹资责任。不仅农村低保、农村医疗救助等制度所需资金完全由财政承担，新农保除参保农民的基础养老金100%由各级财政承担外，还对每位农民缴费给予每年至少30元奖励，新农合制度中政府补助占筹资的80%。与其他国家相比，我国政府对农村社会保障承担的筹资责任是比较高的。法国国家财政对农村社会保障计划的直接投入占计划总资金的30%，日本对农民养老金的补贴为1/3，德国和奥地利农村养老保险资金来源中财政支持所占比例为70%，立陶宛、斯洛伐克等对农村养老保险的政府补贴都为12%左右。突尼斯、马来西亚、菲律宾、越南等国建立的农民个人和政府共同筹资的农村养老保险计划中，政府投入比例与我国相比普遍更低。

　　（五）从财政状况看，我国农村社会保障制度是在财政汲取能力较低且收支矛盾突出的情况下得到大力支持的

　　近年来，在实行结构性减税政策的情况下，各级财政通过大力调整支出结构，挤出尽可能多的资金支持农村社会保障事业发展。应该说，这是相当不容易的。其一，与其他国家相比，我国财政汲取能力明显不足，也就是说总盘子还是有限的。如表3-23所示，2007年全部有数据的53个国家政府收入占GDP比重平均为39.9%，其中24个工业化国家平均水平为45.3%，29个发展中国家的平均水平为35.5%。2009年，我国公共财政收入（包括税收收入和纳入一般预算管理的非税收入）占 GDP 的比重仅为 20.4%。即使按大口径计算，2007—2009 年我国政府收入（包括公共财政收入、国有资本经营预算收入、政府性基金收入、社会保险基金收入等）占 GDP 比重分别为 26.7%、27.9% 和 29.6%，仍然明显低于发展中国家平均水平。何况大口径政府收入中，很多收入是无法统筹使用的。比如政府性基金收入，34 项政府性基金大多数用到城市里，用于农村的也无法用到农村社会保障事业，又如城镇五项社会保险基金收入，也不可能用到农村。

表 3-23　2007 年部分国家全部政府收入占 GDP 比重

（单位：%）

国别	全部政府收入占 GDP 比重	国别	全部政府收入占 GDP 比重
工业化国家平均	45.3	瑞典	56.4
发展中国家平均	35.5	中国	27.6
澳大利亚	35.92	泰国	21.1
法国	49.7	捷克	38.88
德国	43.94	智利	29.4
丹麦	55.98	俄罗斯	47.89
英国	41.7	玻利维亚	36.8
美国	34.41	摩洛哥	36.86
新加坡	21.59	埃及	28.13
希腊	39.96	科威特	48.32

　　其二，虽然财政收入每年增长，但是面对来自经济社会各方面、各部门的支出需求，收支矛盾比较突出。2009 年我国财政收入 68476.88 亿元，比 2008 年增加 7146.53 亿元，看似不少。但是，由于支出存量难以调整，增量部分还要满足外交、国防、

公共安全、社会保障、卫生、教育、科学、文化、农业、经济建设等方方面面的新增需求，收支矛盾非常突出。2009 年，我国中央财政收入 35896 亿元，此外，当年中央财政赤字 7500 亿元，从中央预算稳定调节基金调入 505 亿元。通过税收返还和转移支付方式转移到地方的达 28621 亿元，中央本级的支出只有 15280 亿元，占全国财政支出的比重为 20.14%。与 2000 年相比下降 14.6 个百分点。应该说，中央和地方财政对农村社会保障事业发展给予了尽力支持。

　　综上所述，我国能够在人均 GDP 水平不高的阶段推进农村社会保障制度加快发展，在低收入人口和农村人口占多数的情况下推进农村社会保障制度加快发展，在人口老龄化相对严峻的形势下推进农村社会保障制度加快发展，在国家财政汲取能力不足

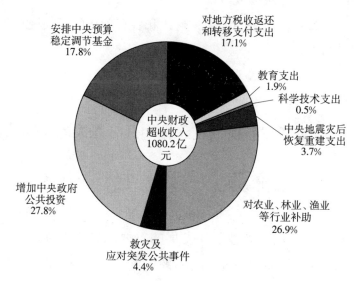

图3—3　2008年中央财政超收收入使用结构图

（单位：%）

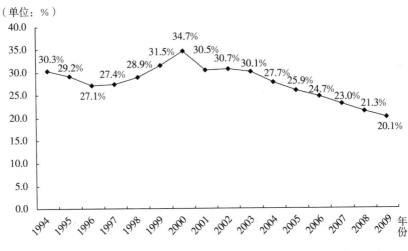

图3-4　1994—2009年中央本级支出占全国财政支出比重图

的情况下推进农村社会保障制度加快发展，是相当不容易的，这是党中央、国务院高度重视保障和改善民生的结果，是地方各级党委、政府不懈努力的结果，财政和各有关部门应当说也为此付出了相当大的努力。

三、对今后农村社保制度建设中几个重大问题的认识

（一）必须高度重视加快农村社会保障制度建设

当前，我国正处在加快发展的重要战略机遇期，也处在一个矛盾凸显期。必须从全局和战略的高度，充分认识进一步加快农村社会保障制度建设的重大政治、经济和社会意义。

　　第一，这是维护社会稳定、促进社会和谐的需要。我国农村人口规模庞大，没有农村的稳定，就没有全国的稳定。近年来，在农村经济社会结构发生巨大变化的情况下，农村能够保持基本稳定的局面，与农村社会保障制度的逐步建立和完善是密不可分的。上面讲到的3000亿元农村社保投入，相当大一部分是用于农村低保对象和"五保"对象等五六千万困难群众身上的，据粗略测算，这部分人平均受益1700元左右。尽管如此，目前我国基尼系数仍接近0.5，超过了警戒线，如果简单将农村居民和城市居民进行对比，收入差距可能更大。所以，进一步加快发展农村社会保障事业，对于推动解决"三农"问题，维护农村的稳定和发展，促进社会和谐至关重要。

　　第二，这是反哺农民和农业的需要。革命战争时期，在中国共产党领导下，农民为新中国的建立作出了巨大牺牲；社会主义建设时期，农民和农业为国家工业化、城镇化作出了巨大贡献，国家通过工农产品价格剪刀差、征收农业税等方式从农业中积累了相当数量的资金用于工业化建设。据测算，仅从新中国成立到1978年，农业和农民为国家工业建设贡献了大约6000亿元。改革开放以来，作为低成本劳动力的2亿农民工又为加快我国经济社会发展和增强中国企业国际竞争力做出了新的贡献。如果经济社会发展的成果不能更多地惠及广大农民，就谈不上社会的公平、公正。目前，我国总体上已经进入了以工促农、以城带乡的发展新阶段，具备了工业反哺农业的条件，要让公共财政阳光更多地照耀农村，加快建设和完善农村社会保障制度。

　　第三，这是扩大消费、促进经济发展方式转变的需要。边际消费倾向随收入增长而递减，是经济学的一个基本原理。从全社会来看，当收入分配差距较大时，就会出现"有钱的人不想消费，想消费的人缺钱少钞"的局面，严重制约内需增长。我国消费率由 2000 年的 62.3％下降到 2009 年的 48.6％，而外国消费率一般在 60％以上。尤其是我国农村消费水平更低，农村消费占全国消费的比重，由 1978 年的 62.1％下降到 2009 年的 24.9％，其中一个重要原因就是农村居民收入水平低，且难以形成稳定的收入预期。据国家统计局有关研究资料，农民每增加 1 元的消费支出，将带动 2 元的消费需求。按 2.5 亿户农村家庭计算，每户多购买 100 元商品，将带动国民经济新增 500 亿元消费需求。扩大农村社会保障支出，不仅可以直接增加农民收入进而扩大农村居民消费需求，而且还能够消除农村居民的后顾之忧，稳定消费预期，使其愿意消费，敢于消费。这有利于开拓国内市场尤其是农村市场，扩大国内消费需求，增强消费对经济增长的拉动作用，促进经济结构调整和发展方式转变，为长远经济社会平稳较快发展打下坚实基础。

第四，这是应对国际化、老龄化的需要。在全球经济联系越来越密切、对外开放程度越来越高的情况下，我国农业面临的国内国际市场竞争压力越来越大，导致主要农产品成本纯收益率持续下滑。针对农产品贸易自由化对我国农民的冲击，我们也应当借鉴其他国家的做法，通过健全农村社会保障制度帮助农民积极应对。另外，正如上面提到的，随着人口老龄化的加快推进特别是农村青壮年劳动力流向城市在第二、三产业就业，农村的"银发浪潮"来势会更加凶猛，也需要我们加快社会保障制度建设，解决好保障农村老年居民的基本生活和基本医疗等问题。

第五，这是立党为公、执政为民的具体体现。这一点是最重要的。胡锦涛总书记 2009 年在中央政治局第十三次集体学习时的讲话中强调，加快建立覆盖城乡居民的社会保障体系，是立党为公、执政为民的具体体现，是推动科学发展、促进社会和谐的重要工作。温家宝总理在 2010 年政府工作报告中也指出，要加快完善覆盖城乡居民的社会保障体系，加快构建社会安全网，使人民生活有基本保障，无后顾之忧。农村社会保障制度建设是我国社会保障体系建设的重点和难点，在社会主义市场经济发展取得巨大成果的今天，让广大农民充分享受包括社会保障在内的发展成果，是经济和社会发展的必然，也是党和政府重要的政治责任。

（二）农村社会保障水平必须与我国经济社会发展阶段大体适应

在深刻认识农村社会保障制度建设重大意义并加快推进这项工作的同时，也要在具体实施过程中，切实体现"保基本、可持续"的原则，确保农村社会保障水平与我国经济发展阶段及经济和财政承受能力相适应。之所以强调这一点，是因为社会保障政策效应延续时间很长，会影响到整整一代人甚至几代人，经济增长的波动性与福利刚性之间又存在明显矛盾，福利水平上去容易下来难。而且，国民经济和财政收入的增长与部分社保项目支出需求的增长匹配之间也有矛盾。以老龄化冲击为例，据北京大学曾毅教授研究，80 岁以上高龄老人日常照料与医疗开支，是65—79 岁老人的 14 倍。如果脱离经济发展水平和社会结构的现实约束，过高提高保障标准，过多增加保障项目，会加重社会成本和农民负担，影响农民劳动就业的积极性，影响农村经济和国民经济的发展以及农村社会保障制度的可持续性。很多发达国家在这方面有过惨痛教训。在国际金融危机中深陷主权债务危机的希腊就是一个活生生的例子，希腊 2009 年的财政赤字占到 GDP的 12%，债务总额高达 2940 亿欧元，相当于人均背负 2.67 万欧元（约合 24 万元人民币）的债务，财政多年超支的最根本原因就是"希腊特色"的福利制度，作为欧盟相对欠发达的经济体，国民福利却一味向欧盟更发达国家看齐，最终"掏空"了国库，引发严重社会动荡。我国作为 13 亿人口的大国，"大跃进式"的社保建设肯定行不通。何况，目前各方面加快经济社会发展的需求与财政承受能力之间的矛盾也已有所显现。因此，在加快推进农村社会保障制度建设的同时，要科学把握好政策出台的多少、节奏、力度、时机，确保其可持续性。总之，既要尽力而为，也要量力而行。

（三）必须在一次分配环节中加大增加农民收入的力度

社会保障制度是收入分配制度的重要组成部分。深化收入分配制度改革，核心是要处理好一次分配和二次分配的关系。增加农民收入首先要解决好一次分配问题，增加农民收入在初次分配中的比重。这样做会起到事半功倍的效果。这是因为，社会保障制度与收入分配格局之间是一种互相影响、互为因果的关系，但从一定意义上讲，社会结构和收入分配格局对社会保障制度的反向制约作用更加显著。在一次分配不公的情况下，过多地寄希望于通过社会保障等制度的二次分配来实现比较理想的收入分配格局，是很难的。日本在发达资本主义国家中属收入分配最平等的国家之一，但日本的社会保障支出占 GDP 比重在发达国家中却比较低，1980 年为 10.2％，这主要得益于日本政府在收入分配领域所采取一系列政策措施促进不发达地区开发，增加就业，缩小地区间经济社会发展差距等，改善了一次分配。

从国际上看，收入分配制度大体上可以归为三类：一是公平为主，如实行双重保险的瑞典和芬兰。在一次分配过程中政府用经济、法律手段配合市场机制，将收入分配差距控制在较小区间，又通过税收、社会保障等二次分配手段调高补低，实现高层次的公平。二是效率公平兼顾，实行"前管后调"模式，韩国、日本是典型代表。抓好"前管"，一次分配主要依靠行政手段控制差距；着重"后调"，就是随经济发展逐渐加强政府调节，进一步缩小收入分配差距。三是效率为主，实行事后补救模式，一次分配形成较大初始差距，二次分配调高补低，如美国。就我国而言，新中国成立以来收入分配制度的发展，大体可划分为三个阶段：第一个阶段是计划经济时期，过分强调公平，搞平均主义分配，大体为 30 年。这种收入分配制度在特定发展阶段为促进经济社会发展发挥了重要历史作用，但缺乏相应激励机制，过度平均反而使其违背了公平应有之义，逐渐使社会丧失活力。第二个阶段是转型经济时期，强调效率为主、兼顾公平，大体也为 30 年。在此期间，社会成员创造财富的积极性得到充分调动，促进了经济持续较快增长，不过收入分配差距问题也逐渐显露。党的十六大以来特别是党的十六届六中全会提出更加注重社会公平后，标志着我国收入分配制度进入第三个阶段，即谋求公平与效率均衡的新时期。

实现公平与效率的均衡，必须同步推进一次分配和二次分配制度改革，而不能简单地就农村社保而论农村社保。特别要着力解决农产品价格偏低、农民就业不够充分和农业科技化水平差等比较突出的问题，加大在一次分配环节增加农民收入的力度，"用燃烧的货币调动农民的劳动热情"。具体建议，一是稳定和完善对农民的各种补贴政策，确保粮食安全和主要农产品有效供给。二是支持农业基础设施建设和农业科技进步，努力改造传统的小农经济生产方式，加快现代农业建设和提高农业综合生产能力，促进农民增收。三是继续实施主要农产品最低收购价政策，稳步提高收购价格，建立健全农产品价格形成机制，稳定农业生产资料价格，理顺比价关系，让农民在主要农产品生产经营上的收益不低于社会平均利润水平。对城乡困难群体，可以通过加大低保投入来保障其基本生活。四是不断加大金融支持力度，逐步制定实施支持农业发展的长期贷款、贴息贷款政策。五是积极稳妥推进城镇化，逐步改革完善户籍管理制度，改变城乡二元结构，促进城乡统筹发展。六是加快农村劳动力转移步伐，尽快建立城乡统一的劳动力市场，加大对农民的培训力度，不断提高农村劳动者整体素质及就业能力，不断优化农民工就业和创业环境。七是健全包括农民工在内的工资正常增长机制，逐步提高最低工资标准，推行小时最低工资标准，实行企业职工工资集体协商制度，不断提高农民工工资收入。虽然农民工工资水平的提高会增加企业用工成本，但是只要幅度合理，就不仅可以增强农民工的消费能力，促进其劳动积极性，而且有利于稳定农民工与企业的劳动关系，对农民工个人、企业乃至国民经济都是有好处的。

（四）必须促进城乡社会保障事业的统筹发展

统筹城乡发展是科学发展观的五大要素之一，也是我国社会保障体系建设的重要指导思想。当前，农村与城市发展不同步、不协调的问题依然比较突出，统筹城乡发展的任务很艰巨。为改变城乡二元结构，构建新型工农关系、城乡关系，需要推进城乡资源均衡配置，大力促进城乡社会保障事业统筹发展，推动逐步形成城乡经济社会发展一体化的新格局。笔者认为，应从以下几个方面，准确理解和把握统筹城乡社会保障事业发展。

第一，要将社会保障工作的重心和财政投入的重点适度向农村倾斜。近年来，我国农村社会保障体系建设明显提速，城镇社会保障和农村社会保障发展不平衡的局面得到有效缓解，但农村社会保障发展水平、基础管理和服务等方面与城市相比，还有明显差距。因此，要按照党中央关于加快健全农村社会保障体系的要求，逐步缩小城乡社会保障发展差距。

第二，统筹城乡不能简单等同于城乡一致，而是制度上的可递进，可发展，为最终纳入同一轨道创造条件。我国发展不够均衡，不仅地区之间差异明显，城乡之间更是存在明显差距，而且农村居民与城市居民在生产生活方式方面也不一样。比如，农村居民的人均收入水平要明显低于城镇居民，农村的基本消费水平也要低于城镇；农民对土地拥有长期稳定的承包权，即使年老后不直接耕种，也可以得到补贴或转包收入，这与城镇职工退休后即同生产资料相脱离是不一样的；农民更多的是个体从业，城镇居民更多的是有组织就业；农村社区相对更具有熟人社会特征，城市社区相对更具有陌生人社会的特征等。因此，在城乡社会保障制度体系尽可能统一的前提下，农村社会保障一些具体政策也要立足于这些客观差异，与城镇社会保障政策有所区别，并结合农村实际情况进行创新。比如，城镇职工社会保险制度都是要求强制参加的，而新农合制度和新农保制度在推进过程中，都强调要坚持农民自愿原则。当然，要从政策和舆论上积极引导，努力把好事办好。此外，新农保也要考虑到农民仍然拥有土地收入等因素，将农村养老金定位在基本生活保障型而非简单收入替代型，并与下一步研究解决城镇无业居民养老保障问题做好统筹。

第三，要注重加强城乡相关社会保障制度的衔接整合，以及农村社会保障各项制度内部的衔接整合，解决制度和资金碎片化问题。笔者有一次去某地调研，当地的乡党委书记告诉我，他自己都数不清每年有多少个部门来他这个地方对农村贫困居民送温暖、搞慰问。这一方面说明有关方面对农村困难群众非常关心；另一方面也说明我们在加强农村社会保障制度和资金整合方面还有很多工作要做。只有做好农村社会保障相关制度和资金的衔接整合工作，才能切实发挥好制度合力，进一步提高农村社会保障资金的使用效益。

第四，要将解决好农民工和被征地农民社会保障问题作为重要突破口。在城市化迅速推进的过程中，我国产生了庞大的农民工和被征地农民群体。据统计，到 2009 年我国农民工总量近 2.3 亿人，其中外出农民工 1.45 亿人。受一系列政策限制以及劳动力技能不足等方面的影响，他们一方面已不再是农民或不是纯粹意义上的农民；另一方面又难以真正融入城市之中，在就业和社会保障方面面临着不少突出问题，存在不少亟待解决的矛盾。健全农民工和被征地农民社会保障政策，尽可能把他们纳入社会保障体系，是实现城乡社会保障事业统筹发展的有力抓手和重要突破口，也有利于我国城市化进程的顺利推进。

（五）必须调动多方力量发展多层次农村社会保障

政府在农村社会保障体系建设中居于主导地位，发挥着关键作用。但政府主导不等于政府包办和全部由政府买单，在发挥政府主导作用的前提下，也要充分调动各方面力量参与到农村社会保障制度建设中来。具体来讲：

一是要鼓励商业保险机构积极参与经办农村医疗保障和养老保障制度。近年来，一些地方在鼓励商业保险参与农村医疗保障和养老保障制度建设方面进行了积极探索，如江苏省江阴市将全市新农合和城镇居民医保委托太平洋保险公司经办，河南省新乡市将新农合经办业务中最专业、人力投入最大的费用审核报销业务委托给中国人寿保险公司，洛阳市 12 个县（区）的新农合和全部 16 个县（区）的城镇居民医保也由中国人寿洛阳分公司经办。四川省德阳市旌阳区通过政府采购，将新农保经办服务委托给中国人寿保险德阳分公司，新农保工作规范与详细流程的制定，建立乡村两级服务队伍并配置设备和场地，新农保个人信息的采集、核实、登记及数据库建设维护，以及养老保险的缴费征收和待遇支付等，全部交由该公司负责。由商业保险经办农村社会保障，虽然在具体执行中还有些地方需要规范和完善，但这一方向应予肯定。下一步，要鼓励更多地区探索商业保险公司受托经办农村社会保障业务管理工作。在有条件的地区，可由政府确定标准化的社会保障项目，放开竞争，允许参保人在社会保险机构以及不同商业保险公司之间进行选择。

二是在自然灾害救济中积极引入商业保险机制。目前我国在应对自然灾害风险和保障灾民生活方面存在的突出问题，是保障主体比较单一，主要是各级政府。国外的救灾体制，政府是灾害损失的最后承担者，对那些属于"已知的未知的"风险（比如在地震、台风、洪水多发区的灾害风险），主要通过商业保险来分散风险。我国不能简单这么做，但应在相关法律制度的制定、运作机制的安排、税收的减免、费率厘定的技术支持和相关监管等方面，积极推动自然灾害保险制度建设。

三是加快在农村发展商业性养老、医疗保险产业。在加快农村社会保障体系建设的同时，要努力激发个人自我保障的积极性，通过发挥财政资金和税收政策"四两拨千斤"的作用，大力支持商业保险公司针对农村居民特别是富裕起来的农村居民，开发和提供符合其需求的养老保险、医疗保险产品，为其提供更高的保障，满足农村居民的多样化需求。发达地区可以率先在这方面做些探索。

四是继续发挥好家庭在农村社会保障中的重要职能，避免家庭保障责任的过度社会化。随着社会保障体系的健全，家庭保障功能会相对弱化，但无论如何政府保障都不会、也不应该完全取代家庭的保障职能。越是在社会保障不断发展的情况下，越要注意维护和发挥家庭的保障职能，以全面促进社会和谐。特别是处于儒家文化圈内的东方国家，一直以来都有家庭保障的传统。中华民族始终重视家庭伦理，具有尊老敬老传统，在推动农村社会保障制度建设过程中，这个优良传统不能丢，在政策设计和宣传时应充分注意这一点，不能让农民产生今后养老、医疗等基本保障完全或主要依靠政府的印象。要大力倡导家庭养老、家庭护老的东方文明，制定一系列强化和落实家庭与子女在赡养老人方面的制度及道德规范，更好地发挥其独特作用。

五是大力支持慈善事业发展。慈善事业在世界各国特别是西方国家社会保障事业中发挥着重要作用，被喻为继市场的初次分配和政府的再分配之后的"第三次分配"。近年来，我国慈善事业取得了较快发展，特别是在汶川地震、玉树地震发生后，社会各界踊跃捐款，支持抗震救灾，发挥了积极作用。下一步，要通过完善对慈善机构和慈善捐助的税收优惠政策和财政补助政策，改革慈善组织的管理体制以及调动高收入阶层捐赠的积极性等措施，鼓励社会捐款，使慈善事业在支持农村社会保障及其他各项民生工作方面发挥更大作用。

（六）对完善我国农村社会保障制度的基本思路的一点想法

下一步我国农村社会保障制度建设，大致可划分为三个时期，即近期（2012 年年底前）、中期（2013—2020 年）和远期（2021—2040 年）。

近期（2012 年年底前）：能保则保，健全机制。

一是扩大制度覆盖面。这方面重点是新农保。按照最初的规划，新农保制度的全覆盖将在 2020 年前完成，时间跨度为 12 年。十七届五中全会提出了加快新农保制度建设、"十二五"时期实现全覆盖的要求。为加快扩大新农保制度覆盖面，可以采取以空间换时间、以扩面换提标、以中央为主加地方自费改革相结合的办法，短期内不提高新农保待遇水平，腾出钱来进一步加快新农保试点进度。另外，2009 年正式启动的农村危房改造要加快试点扩面步伐，逐步扩展到全国每个县市，尽快实现基本消除农村危房、解决农村居民住房安全问题的目标。

二是健全农村社会保障责任分担机制。在新农保、自然灾害生活救助、农村低保等工作中，要进一步合理界定中央和地方各级政府事权及支出责任，充分调动各方面加快农村社会保障事业发展的积极性。

三是推动建立科学合理的农村社会保障待遇确定和调整机制。农村社会保障制度提供的总体待遇水平应与我国农村生产力发展水平相适应，做到适度而不过度。农村社会保障制度内部不同项目之间以及不同群体之间的待遇水平要相互衔接，不能人为地扩大差距，引发矛盾。各项农村社会保障待遇水平的调整要机制化，建立健全与 GDP 增长率、物价水平或收入水平等指标联动的更加透明、更加科学有效的待遇调整机制，尽可能减少人为因素。

四是切实加强农村社会保障资金管理。首先要抓好新农保基金的管理工作，随着新农保制度试点的不断扩大，新农保个人账户基金规模将迅速增加，各地一定要管好这笔资金，坚决杜绝挤占挪用等现象。在完善社会保险基金预算管理制度的基础上，研究将新农合、新农保基金纳入社会保险基金预算编制范围，使其管理和运行更加规范。逐步推广农村社会保障资金的财政国库集中支付。

五是积极推动信息化建设。加强社保、民政、公安、计生、扶贫等各部门系统的协调，逐步推动建设统一的社会保障数据库和公共服务平台，更好地为农村居民提供社会保障服务。

最后，要切实做好中期农村社会保障发展改革的规划工作，在对近期农村社会保障制度建设进行总结评估的基础上，提出中期社会保障发展改革目标和任务。

中期（2013—2020 年）：**应保尽保，改革创新。**

到 2020 年，基本建立起覆盖城乡居民的社会保障制度体系，实现构建社会主义和谐社会对社会保障工作提出的目标和主要任务，使所有农村居民都能够得到与发展水平相适应的基本保障。

一是农村社保基本实现应保尽保。新农保制度覆盖面在 2015 年前扩展到全国范围，参保率明显提高。新农合参合率在较高水平上保持稳定。所有需要救助的困难农村居民都能够通过

农村社会救助体系得到水平合理的必要救助。农民工的就业、养老、医疗、住房、子女教育等社会保障问题也得到较好解决。

二是改革创新缴费激励机制。针对新农保、新农合等缴费型农村社会保障制度，建立科学、合理、可持续的农民自愿缴费机制。要在新农保实现全覆盖的基础上，完善新农保农民个人缴费与待遇挂钩机制，将基础养老金水平与缴费年限适当挂钩，激励农民多缴多得。缴费最低年限由 15 年逐步提高到 20 年。

三是改革养老金待遇领取政策。随着农村居民健康水平的改善和预期寿命的延长，按照"老人老办法，新人新办法"，逐步科学地提高养老金待遇领取年龄。

四是创新农村社会保障资金管理机制。通过有效整合发挥资金的最佳使用效益。新农合、城镇居民医保之间要做好衔接，既要避免漏保现象，也要避免重复参保、重复享受财政补贴现象。在时机成熟的情况下，可将两个制度整合为统一的城乡居民基本医疗保险制度（有些地区已在推进此项工作），设置多个缴费档次，城乡居民在多档之间自由选择缴费档次参保，并享受相应的医疗保障水平。城乡居民基本医疗保险制度与城乡医疗救助制度之间也要加强衔接整合，条件成熟时，困难居民的医疗救助可在城乡居民基本医疗保险制度内通过减免缴费、降低起付线、提高报销比例和封顶线等措施直接体现，不再保留独立的医疗救助制度。推进农村危房改造工作中，要按照"统一规划、渠道不乱、用途不变、捆绑使用、各记其功"的原则，整合抗灾救灾、扶贫开发、残疾人危房改造、改水改厕、新农村建设和沼气推广等其他支农惠农等相关政策和补助资金，以农村危房改造为平台，多方位、多层次支持开展相关工作，全面改善农民生产生活条件。此外，针对农民的各类培训资金之间，农村低保资金、春荒冬令救济资金之间，公益性岗位资金与相关救助资金之间，也应做好衔接，积极创造条件加以有效整合。

五是创新商业保险参与农村社会保障的扶持政策。推动社会力量经办农村社会保障，促进多层次保障体系发展等。

远期目标（2021—2040 年）：待遇均等，福利适度。

在远期，随着国家经济实力和财力的明显壮大以及城乡发展差距的明显缩小，社会保障事业发展基本实现城乡均等化和区域均等化，农村居民的基本社会保障需求得到较好满足，政府、市场和个人在农村社会保障领域的责任调整到位，形成分工比较合理的多层次社会保障体系。

一点也不夸张地讲，我们都是农民的后代；一点也不过分地说，农民种的粮食和所做的贡献在我们成长的过程中起到了至关重要的作用。我们这代人对农民、农村、农业怀有深深的情感。因此，让我们以感恩之心、以尽责之份、以奉献之情、以荣誉之感，共同努力，把社会保障特别是农村社会保障工作做得更好，支持得更好，让和谐社会之花遍地开放。

认真总结研判　全力促进就业

　　就业 ① 是民生之本，是社会成员生存和实现自我价值的根本手段，也是国家发展经济和提高人民生活水平的重要政策目标。我国人口约占世界总人口的五分之一，目前正处在城乡二元结构的转型之际，这就决定了无论是对国家还是对家庭特别是劳动年龄内的个人，就业无疑都是头等大事。就业与国家宏观经济、财政、社会保障等政策密切相关，本章将尽力多角度分析研判我国就业成效、问题和形势，在此基础上就全力促进就业的战略问题进行一些思考，提出一些建议。

① 按国际劳工组织定义，在劳动年龄内，具有一定劳动能力，在调查时点前的一周内，为取得工资、实物报酬或经营收入而从事不少于一小时的生产、经营和服务性活动的人员；或者在调查周内因学习休假等原因未工作但有工作单位或劳动场所的人员；以及因设备发生故障或检修、原材料短缺、动力不足，停电、天气灾害或其他灾害等原因引起的各种临时停工或歇业的人员，统统称作就业人员。

一、我国就业政策的历史沿革

就业政策是国家经济社会政策体系的重要组成部分。新中国成立以来，我国就业政策一直与经济体制的变迁相适应，随着计划经济体制向社会主义市场经济体制的转轨而作相应调整，大体可分为三个阶段，即：统包统配阶段、向市场调节转变阶段、"三位一体"的就业方针确立完善阶段。

（一）1949—1977 年：统包统配阶段

与这一时期的计划经济体制相适应，城镇实行"全面就业战略"①，就业政策以统包统配为基本特征，主要表现为政府直接控制就业岗位，包揽劳动者就业，通过行政手段把劳动力配置到各个生产部门。农村劳动力被限制在农业生产领域，很难流动。

（二）1978—1996 年：向市场调节转变阶段

与这一时期推行经济体制改革，实行对外开放，提出并开始推动构建社会主义市场经济体制基本框架相适应，改革统包统配的就业政策，积极推进市场就业。这一阶段可分为两个时期：一是 1978—1991

> ① 即单纯追求就业人数和就业率，实行政府"包下来"的方式安置就业。

年，统包统配的就业政策逐步松动，劳动力市场初步建立。城镇实施了"在国家统筹规划和指导下，实行劳动部门介绍就业、自愿组织起来就业和自谋职业相结合"的"三结合"就业方针，这一方针虽然没有打破国家主导安置就业的计划体制框架，但鼓励个人自谋职业，激发了劳动者的积极性，拓宽了就业门路；对国营企业新招用职工实行劳动合同制度，固定用工制度开始松动；允许农村劳动力在不改变身份的情况下，在本区域内向非农产业转移。二是1992—1996年，劳动力市场进一步发育，市场导向的就业机制初步形成。城镇就业实行全员劳动合同制，促进劳动者合理流动；出现了国有企业下岗职工，部分地区实施再就业工程试点；鼓励农村劳动力就地就近转移就业。

（三）1997年至今："三位一体"的就业方针确立完善阶段

这一时期与逐步建立社会主义市场经济体制基本框架和提出完善社会主义市场经济体制的具体目标任务，以及经济持续快速增长，并强调以人为本和全面协调可持续发展相适应，确立了"劳动者自主择业、市场调节就业、政府促进就业"的"三位一体"就业方针，在转变劳动者就业观念，发挥市场基础性配置劳动力资源作用的同时，积极发挥政府促进就业的职能。这一阶段可分为两个时期：一是1997—2001年，实施国有企业下岗职工基本生活保障和再就业工程。1997年确立了"三位一体"的就业方针，同时"鼓励兼并、规范破产、下岗分流、减

员增效、实施再就业工程"。通过建立国有企业下岗职工基本
生活保障、失业保险、城市居民最低生活保障"三条保障线"
制度，保障下岗职工的基本生活。加强职业培训和职业介绍服
务，促进下岗职工再就业。逐步打破城乡就业分割，改革户籍
制度，引导农村富余劳动力在城乡和地区之间有序流动。二是
2002 年至今，实施积极的就业政策。2005 年和 2008 年又两
次对相关政策内容进行了调整和充实，政策逐步走向普惠、公
平。2008 年开始实行的《就业促进法》，确立了公平就业、免
费公共就业服务、职业教育和培训、就业援助等多项制度，为
保障劳动者就业权利，消除就业歧视、改善劳动关系等提供法
律保障。2008 年第四季度以来，为应对国际金融危机影响，国
家实施了更加积极的就业政策，重点解决受危机影响较大的农
民工、高校毕业生等人群的就业问题，就业形势保持基本稳定
（见表 4-1）。

表 4-1　我国各阶段就业方针和主要就业政策汇总

| 时期 | 就业方针 | 就业政策 | | | |
		基本政策	大学生政策	农村劳动力政策	劳动用工政策
1949—1977 年	全面就业战略	统包统配（其中文革时期实行上山下乡政策）	负责到底、妥善安置	农村劳动力被限制在农业生产领域（其中有部分阶段允许城市向农村招工）	劳动用工审批权集中在中央（其中部分阶段审批权下放企业和地方）

时期		就业方针	就业政策			
			基本政策	大学生政策	农村劳动力政策	劳动用工政策
1978—1996年	1978—1991年	"在国家统筹规划和指导下实行劳动部门介绍就业、自愿组织起来就业和自谋职业相结合"的"三结合"就业方针	劳动力市场初步建立。没有打破计划就业体制,但拓宽就业渠道,鼓励自谋职业	1985年之前实行国家统一分配和安置,之后逐渐实行双向选择	允许向非农产业转移	对新招用职工实行劳动合同制
	1992—1996年		劳动力市场发挥作用	双向选择	允许就地就近转移	全员劳动合同制
1997年至今	1997—2001年	"劳动者自主择业、市场调节就业、政府促进就业"的方针	国有企业下岗职工基本生活保障政策;再就业工程	自主择业	引导农村劳动力有序流动	企业拥有用人自主权
	2002年至今		积极的就业政策			

资料来源:根据相关资料整理。

二、我国就业工作成效显著

(一)"三位一体"就业方针的作用日益显现

1.劳动者就业观念逐步转变

在统包统配的就业政策下,就业是"政府考虑的事",劳动者没有选择就业的主动权和积极性。随着市场就业机制的逐步建立，多数劳动者逐渐改变了依靠政府安置就业的传统思想，树立了依靠个人努力自主择业、竞争就业的观念。

2. 以市场为基础的人力资源配置机制逐步建立

一是劳动力供求双方自由选择机制逐步形成。放开了企业用人自主权，逐步确立了劳动者和企业作为劳动力市场供求主体的地位；实行了工资制度改革，逐步形成了以市场为基础的劳动力价格决定机制；积极培育和发展劳动力市场，市场机制基础性作用逐步发挥。二是劳动力自由流动空间逐步扩大。改革劳动用工制度，促进了劳动力在不同所有制、不同用人单位之间合理流动；改革土地、户籍、社会保障等相关制度，促进了劳动力在城乡之间、地区之间合理流动。

3. 政府促进就业的职能日益完善

一是政策目标日趋明确、全面。在"三位一体"就业方针确立以前，政府就业政策的目标相对单一，主要是解决当时面临的失业问题。"三位一体"就业方针确立后，就业政策目标更加明确、全面。如"三条保障线"和"再就业工程"在解决下岗失业人员基本生活保障和再就业问题的同时，还兼顾培育和建立劳动力市场、建立社会保障制度、保护劳动者权益等；积极的就业政策在促进各类人员实现充分就业的同时，注重建立公平的就业环境，优化收入分配结构、培育人力和人才资源等，促进就业的视野越来越开阔。二是制度体系日趋完备。新中国成立之初到 1977 年，党中央、国务院及有关部门出台的就业规章 25 个，年均不到 1 个；1978—1996 年，出台就业规

章约 40 个，年均超过 2 个；1997 年以来，出台就业规章约 70
个，年均约 6 个。三是政策措施日趋丰富。由统包统配阶段的
政府安置就业拓展为在政府主导安置就业的基础上，鼓励劳动
者自愿组织起来就业和自谋职业，进而又发展成今天的在劳动
者自主择业的基础上，通过鼓励劳动者自主创业、企业吸纳劳
动者就业、公益性岗位安置就业困难人员就业、按计划安置部
分军转干部和退役士兵就业、高校毕业生到城乡基层就业等多
种政策措施，全方位促进就业。四是就业环境日趋公平。在加
快建立市场就业机制的同时，政府越来越强调就业公平、消除
就业歧视，保障妇女、残疾人、少数民族、就业困难人员等享
有平等的就业权利。

（二）就业结构逐步优化

1. 产业就业结构逐步优化

与我国产业结构优化升级的发展战略相适应，劳动力呈现出从
第一产业向第二产业转移，再向第三产业转移的趋势，且转移速度
不断加快。1952 年，三大产业的就业比例分别为 83.5 : 7.4 : 9.1 ；
到 1978 年 为 70.5 : 17.3 : 12.2 ；1997 年 为 49.9 : 23.7 : 26.4 ；
2009 年为 38.1 : 27.8 : 34.1。第三产业成为就业比重提高最快的
产业（见图 4-1）。

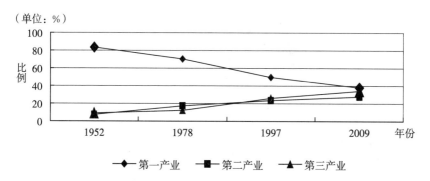

（单位：%）

图4-1　我国三次产业就业结构变动趋势图

数据来源：《2009年中国统计年鉴》、《2009年中国劳动统计年鉴》；2009年数据由国家统计局提供。

2. 城乡① 就业结构逐步优化

1978年以前，我国农村劳动力基本被限制在农业生产领域。1978年后，家庭联产承包责任制使数以亿计的农村劳动力从土地中解放出来，同时户籍、劳动用工等制度的改革，推动农村劳动力开始向非农产业和城镇转移。1997年以后，国家逐步引导农村劳动力有序转移。从城、乡就业人数年均增长率看，1952—1977年，分别为5%和2%；1978—1996年，分别为4%和2.6%；1997—2009年，分别为3.4%和-0.4%。从城、乡就业人数比例上看，1952年两者比例为1∶7.3，1978年缩小为1∶3.2，1997年为1∶2.4，2009年进一步缩小为1∶1.5。由此可见，随着劳动力流动

① 城镇就业人员指就业地在城镇的人员，包括城镇国有单位、集体单位、股份合作单位、联营单位、有限责任公司、股份公司、私营企业、港澳台商投资单位、外商投资单位就业和个体就业人员。农村就业人员指就业地在农村的人员，包括农业、乡镇企业、私营企业和个体就业人员。

政策的逐步宽松以及城镇就业空间的扩大，农村劳动力向城镇转移速度越来越快，城乡就业结构逐步优化（见图4-2）。

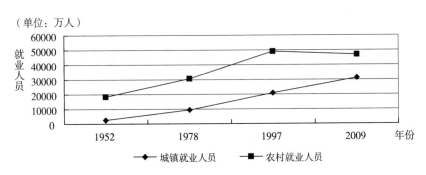

（单位：万人）

图4-2　我国城乡就业人数变动趋势图

数据来源：《2009 年中国统计年鉴》、《2009 年中国劳动统计年鉴》；2009 年数据由国家统计局提供。

3. 所有制就业结构逐步优化

经济体制转轨过程中，在国有经济实力增强和集体经济不断发展的同时，股份合作单位、有限责任公司、个体、私营等多种所有制形式经历了从限制、松绑到鼓励发展的过程。与多种所有制形式共同发展相适应，国有单位吸纳就业一枝独秀的局面被打破，非国有、集体单位对就业的拉动作用日益增强。国有单位吸纳就业人数呈现倒"U"字型变动轨迹，1952—1977 年，国有单位吸纳就业人员从 1580 万人增加到 7196 万人；1978—1996 年，从 7451 人增加到 10949 万人，之后逐步下降，由 1997 年的 10766 万人下降到 2009 年的 6420 万人。非国有、集体单位吸纳就业从几乎为零到逐步发展壮大，2009 年就业人数为 15074 万人，达到城镇就业总量的一半（见图4-3）。

（单位：万人）

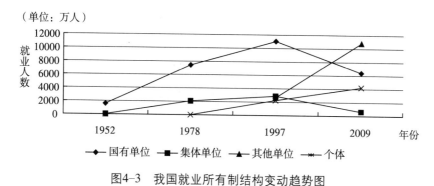

图4-3　我国就业所有制结构变动趋势图

资料来源：《2009 年中国统计年鉴》；2009 年数据由国家统计局提供。

4. 就业形式日趋多样化

　　改革开放前，就业渠道单一，就业形式主要是单位就业。改革开放后，随着个体经济、私营经济的方针和就业政策的调整，灵活就业① 逐步兴起，就业形式日趋多样化（见表 4-2）。据国家统计局统计，2009 年城镇就业人数 31120 万人中，国有单位、城镇集体单位、股份合作单位等单位就业人员为 17867 万人，个体就业人员为 4245 万人，剩余 9008 万人未注明就业形式，约占 29%，应属于灵活就业人员（见图 4-4）。部分学者推算灵活就业人员所占比例则更高。中国社会科学院蔡昉研究员认为，灵活就业人员 2001 年达到全部城镇就业的 38%。据人力资源社会保障部社会保障研究所何平等人分析，2003 年时我国灵活就业的人员规模就可能超过 1.3 亿。从上述推算可以看出，我国就业形式日益多样化，灵活就业已经成为重要的就业形式。

①灵活就业又称弹性就业、非正规就业，是指时间、场所、收入等不固定的就业形式。

表4-2 主要就业形式汇总

就业形式		概念解释
正规就业		正规的全日制工作、与用人单位建立有稳定的劳动法律关系、获有工资福利和社会保障的就业
非正规就业（又称弹性就业、灵活就业等）		不限时间、不限收入、不限场所的就业
	非全日制就业	指少于法定或集体合同规定的工时的就业。其优点是可以适应企业以及一部分劳动者（如需要照料家庭的妇女等）由于自身条件限制对工作时间的特殊需要
	临时就业	主要包括短期就业、季节就业、承包就业、传呼就业等，其共同特点是劳动者并非用人单位的正式职工，而是根据雇用性质，与用人单位签订一定期限的临时合同
	派遣就业	指劳动者与劳务派遣公司签订就业合同，由公司派往用人单位工作，并由公司支付工资和提供福利待遇
	承包就业	承包就业的劳动者多为有组织的团体，他们与发包单位签订承包合同，根据工作量确定报酬。劳动者对发包单位只是提供劳务，劳动者不接受发包单位的劳动人事管理
	兼职就业	指劳动者在同一时期与几家单位签订工时长短不一的劳动合同，将工作时间分配使用于各单位的就业形式。这种工作往往不同于正规的主流就业方式，它在劳动时间、工资支付形式、工作场地、劳动关系等方面更加灵活
	远程就业	指劳动者利用互联网、计算机、传真机、可视对讲机、便携式电话等现代通讯工具在远离中心办公室或生产场所独立完成工作，但能通过使用新技术进行交流的就业方式
	独立就业	指劳动者不受雇于任何单位，而是根据自身特长与相关单位建立技术、技能服务关系。接到工作后，独立完成，以工作量计算报酬，亦称作自由就业。采用这种就业方式的多为各类专业人员，如图纸设计、美术编辑、财会审核、翻译、导游、保险推销员、自由撰稿人、中介服务者等
	自营就业	指劳动者自选项目，自筹资金，独立解决工作场地、生产工具等生产经营方面的问题，自主经营、独立核算、自负盈亏，由此获得经济来源。自营就业者多是个体经营者
	待命就业	指劳动者与用人单位在半正规的基础上签订协议，协议对工作时间不作明确规定，随叫随到，完成临时交付的任务
	家庭就业	指劳动者依照他人指令在家生产，以赚取收入，维持生计的就业方式。这种就业方式多为服装、纺织、皮革乃至电子等产品的来料加工

资料来源：根据相关资料整理得出。

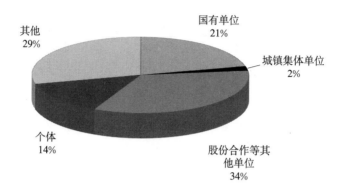

图4-4 2009年城镇就业人员构成图

数据来源：国家统计局提供。

（三）劳动力素质明显提升

1. 文盲人口迅速减少

尽管目前没有历年文盲率的统计数字，但从全国人口普查和抽样调查情况看，文盲人口呈现迅速减少的趋势。1952年文盲率为80%，1964年下降到33.58%，1982年为22.81%，1990年为15.88%，2000年为6.72%，2008年为7.7%①。

2. 健康状况不断改善

从世界卫生组织衡量一国或地区国民健康水平的三个主要指标②看，我国国民整体健康状况得到极大改善。其中，预期寿命从新中国成立前的不到40岁提高到2009年的73岁；

①1964年、1982年、1990年、2000年为全国人口普查数据；2008年为全国人口变动情况抽样调查样本数据，抽样比为0.0887%。

②按照世界卫生组织的规定，衡量一个国家或地区的国民健康水平有3项主要指标：人口平均期望寿命、孕产妇死亡率和婴儿死亡率。

孕产妇死亡率从新中国成立前的 1500/10 万下降到 2009 年的 31.9/10 万；婴儿死亡率从新中国成立前的 200‰下降到 2009 年的 13.8‰。从劳动年龄人口健康状况看，15—64 岁劳动年龄人口疾病死亡率从 2003 年的 7467/10 万下降到 2008 年的 5583/10 万（见表 4-3）。

表 4-3　我国国民健康状况主要指标表

主要指标	新中国成立前	1973—1975 年	1981 年	1990 年	2000 年	2003 年	2005 年	2008 年	2009 年
预期寿命（岁）	35	男 63.6/女 66.3	67.9	68.6	71.4	—	73	—	—
孕产妇死亡率（1/10 万）	1500	—	100	88.9	53	51.3	47.7	34.2	31.9
婴儿死亡率（‰）	200	47	34.7	—	32.2	25.5	19	14.9	13.8
15—64 岁人口疾病死亡率（1/10 万）	—	—	—	—	—	7467	—	5583	—

资料来源：《2006 年中国卫生统计年鉴》、《2008 年中国卫生统计提要》、卫生部网站。

3. 受教育程度大幅提高

接受大专以上教育人口占 6 岁以上（含 6 岁）人口数比例，由 2001 年的 4.4％提高到 2008 年的 6.7％；接受大学以上教育人口占就业人员比例，从 2001 年的 5.6％提高到 2008 年的 6.9％。同时，近年来我国大力发展职业教育和职业培训，劳动力职业技能得到进一步提升（见图 4-5）。

劳动力素质的提升，得益于国民经济的不断发展和科教文

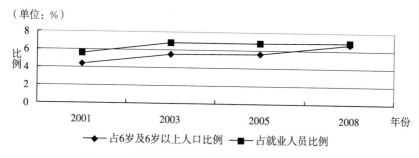

（单位：%）

图4-5　我国接受大学以上教育人口变动趋势图

资料来源：《2009 年中国统计年鉴》、《2009 年中国劳动统计年鉴》。

卫事业的不断进步，既提高了劳动者的就业能力和劳动生产率①，也促进了就业规模的扩大和就业结构的改善。

（四）财政调控就业力度越来越大

财政政策是国家宏观调控、资源配置和调节收入分配的重要手段。财政在促进就业中的作用，既与就业政策、政府在就业工作中的职能定位紧密联系，也与财政实力密切相关。改革开放前，我国促进就业的财政政策比较少，改革开放后特别是积极的就业政策实施以来，财政政策在促进就业方面发挥着越来越重要的作用。

1. 政策措施越来越全

改革开放初期，国家主要运用税收扶持政策和资金扶持政策促进就业，比如对安置知识青年的集体所有制场（厂）队和工农商联合企业，自创办之

① 蔡昉等人在《中国劳动人口与劳动问题报告》中对制造企业计量模型结果表明，总体上看，职工受教育程度提高 1 年，劳动生产率就会上升 17%。

日起，5 年内不缴税，不上缴利润，不负担农产品的统购派购任务；通过资金扶持解决劳动服务公司职工的就业安置经费等。而现行就业政策措施则更为丰富、健全，主要包括通过税收、收费、小额担保贷款贴息等政策，鼓励劳动者自谋职业、自主创业；通过社会保险补贴、岗位补贴等政策，扶持就业困难人员就业；通过免费公共就业服务、职业介绍补贴、职业培训补贴等政策，提高劳动者职业技能和就业能力。此外，还通过按比例安置残疾人就业和征收残疾人就业保障金等政策，保障残疾人的就业权利。各项政策相互协调配合，综合发挥促进就业的作用（见表4-4）。

表4-4　我国积极就业政策体系统计表

政策名称	政策主要内容
税收政策	1. 对持《再就业优惠证》人员从事个体经营的，3 年内按每户每年 8000 元为限额扣减其当年实际应缴纳的营业税、城市维护建设税、教育费附加和个人所得税。对符合条件的企业在新增加的岗位中，当年新招用持《再就业优惠证》人员，与其签订 1 年以上期限劳动合同并缴纳社会保险费的，3 年内按实际招用人数予以定额依次扣减营业税、城市维护建设税、教育费附加和企业所得税。定额标准为每人每年 4000 元，可上下浮动 20%。由各省、自治区、直辖市人民政府根据本地区实际情况在此幅度内确定具体定额标准，并报财政部和国家税务总局备案。 　　2. 新办的劳动就业服务企业当年安置城镇待业人员（包括待业青年、国有企业转换经营机制的富余职工、机关事业单位精简机构的富余人员、农转非人员和"两劳"释放人员）达到规定比例的，可在 3 年内减征或者免征企业所得税，期满后再安置城镇待业人员达到规定比例的，可再享受 2 年内减半征收企业所得税的政策。同时，为鼓励能更多的开发劳动岗位及第三产业的发展，上述文件规定对新办的属于第三产业的企业，可按产业政策在一定期限内减征或者免征企业所得税。 　　3. 对安置残疾人的单位，按实际安置残疾人的人数限额即征即退增值税或减征营业税，单位支付给残疾人的实际工资可在企业所得税前据实扣除，并可按支付给残疾人实际工资的 100% 加计扣除；对单位取得的增值税退税或营业税减税收入，免征企业所得税。企业安置残疾人员的，支付给残疾人的实际工资，允许在企业所得税税前按支付给残疾人实际工资的 100% 加计扣除。 　　4. 对符合条件的吸纳下岗失业人员再就业的企业实行定额税收优惠，具体定额标准为每人每年 4000 元，并授权各省、自治区、直辖市人民政府根据本地区实际情况在此幅度内上下浮动 20%；对符合条件的国有大中型企业通过主辅分离和辅业改制分流安置本企业富余人员兴办的经济实体，继续给予 3 年内免征企业所得税优惠，并将从事工程总承包以外吸纳原企业富余人员达到本企业职工总数 70% 以上（含 70%）的建筑企业也纳入优惠范围。 　　5. 对为安置随军家属就业而新开办的企业，随军家属占企业总人数达到一定比例的 3 年内免征营业税、企业所得税。对从事个体经营的随军家属，3 年内免征营业税和个人所得税。 　　6. 为安置自主择业的军队转业干部就业而新开办的企业，达到规定的安置比例的，3 年内免征营业税和企业所得税。从事个体经营的军队转业干部，3 年内免征营业税和个人所得税。 　　7. 对为安置城镇退役士兵就业而新办的服务型企业、商业零售企业，符合条件的，3 年内免征营业税、城市维护建设税、教育费附加和企业所得税。城镇退役士兵从事个体经营的，3 年内免征营业税、城市维护建设税、教育费附加和个人所得税。

政策 名称	政策主要内容
收费 政策	登记失业人员、残疾人、退役士兵以及毕业2年以内的普通高校毕业生从事个体经营的，按规定自其在工商部门首次注册登记之日起免收管理类、登记类和证照类等有关行政事业性收费，政策扶持期限最长不超过3年
小额 担保 贷款 贴息	对持《再就业优惠证》人员、城镇复员转业退役军人、城镇登记失业人员、就业困难人员、登记求职高校毕业生，借款人的具体条件由各省（区、市）制定，从事个体经营自筹资金不足的，均可按规定申请小额担保贷款。其中，对申请小额担保贷款从事微利项目的，中央财政给予全额贴息。小额担保贷款的最高额度为5万元，妇女最高额度为8万元，对符合条件的人员合伙经营和组织起来就业的，经办金融机构可适当扩大贷款规模，其中妇女人均最高额度为10万元。对当年新招用符合小额担保贷款申请条件的人员达到企业现有在职职工总数30%（超过100人的企业达到15%）以上，并与其签订1年以上期限劳动合同的劳动密集型小企业，经办金融机构根据企业实际招用人数确定小额担保贷款额度，最高不超过200万元，贷款期限不超过2年
社会 保险 和公 益性 岗位 补贴	对各类企业招用就业困难人员，签订劳动合同并缴纳社会保险费的，在相应期限内给予基本养老保险、基本医疗保险和失业保险补贴；各地政府投资开发的公益性岗位，要优先安排符合岗位要求的就业困难人员，并视其缴纳社会保险费的情况，在相应期限内给予基本养老保险、基本医疗保险和失业保险补贴以及适当的岗位补贴；对就业困难人员灵活就业后申报就业并缴纳社会保险费的，给予一定数额的社会保险补贴。社会保险补贴和岗位补贴期限，除对距法定退休年龄不足五年的人员可延长至退休外，其余人员最长不超过3年
职业 培训 补贴	登记失业人员、进城求职的农村劳动者、登记求职的高校毕业生参加职业培训的，根据培训和就业状况，给予职业培训补贴，所需资金从就业专项资金列支。每人每年只能享受一次职业培训补贴，享受职业培训补贴的培训期限最长不超过12个月
职业 介绍 补贴	公共就业服务机构要向劳动者提供免费的就业服务，公共就业服务经费纳入同级财政预算。对为登记失业人员提供就业服务并实现就业的各类职业中介机构，按规定给予职业介绍补贴，所需资金从就业专项资金列支
职业 技能 鉴定 补贴	对就业困难人员、进城务工的农村劳动者通过初次职业技能鉴定（限国家规定实行就业准入制度的特殊工种），取得职业资格证书的，给予一次性职业技能鉴定补贴，所需资金从就业专项资金列支

政策名称	政策主要内容
特定就业政策补助	现行特定就业政策是指经国务院批准，各级人民政府对国有困难企业与下岗职工解除劳动关系给予的经济补偿金补助和为国有困难企业"4050"下岗职工缴纳社会保险费给予补助的政策。其中经济补偿金补助政策执行到 2008 年年底，社会保险费补助政策的执行期限不超过 2011 年年底。地方国有困难企业享受特定就业政策的具体办法由省级财政、人力资源社会保障部门确定
失业保险试点	东部七省（市）在认真分析失业保险基金收支、结余状况，统筹考虑地方财政就业再就业资金安排的前提下，可以结合本地实际进行扩大失业保险基金支出范围试点，试点期限截止到 2010 年年底

资料来源：根据相关政策整理。

2. 支持范围越来越广

改革开放初期，财政政策的扶持范围主要限于集体所有制场（厂）队、集体企业、个体经济组织和劳动服务公司等安置就业的单位。而现行就业政策的支持范围，既包括下岗失业人员、农民工、就业困难人员和高校毕业生等各类劳动者，又包括企业、提供公益性岗位的用人单位，还包括职业介绍机构、公共就业服务机构、银行等相关机构，资金使用上包括了职业介绍、职业培训、社会保险、公益性岗位、职业技能鉴定等补贴以及特定就业政策补助等，是一个多层次、全方位、广覆盖的支持体系。以税收政策为例，从 1994 年工商税制全面改革以来，我国根据不同历史时期就业工作的需要，有针对性地陆续出台实施了促进城镇待业人员、下岗职工、下岗失业人员、随军家属、自主择业的军队转业干部、城镇退役士兵、残疾人员等特殊群体就业和再就业的系列税收优惠政策。这些政策的实施对于促进特定时期特殊群体的就业和再就业，维护其合法权益和推动经济发展发挥了积极而重要的作用。

3. 资金投入越来越大

根据《走向社会主义市场经济的劳动就业》一书[①]的估算，1980—1991年间，国家财政对就业的投入共39.75亿元，年均3.3亿元。1997年以后，财政投入快速增加，从1999年的4.12亿元[②]增加到2003年的99.24亿元[③]。2003—2009年，各级财政对就业专项资金的投入保持年均31%的增长幅度，而中央财政则保持了年均46%的增长幅度。2009年，各级财政共投入就业专项资金503亿元，其中中央财政支出391亿元，占近80%。上述数据只是就业投入情况中的小口径支出，即就业专项资金的统计。而全面反映政府支持就业情况，则需要将减免收费、减免税收、就业专项资金、支持高校毕业生下基层、扶持企业发展、扶持残疾人就业、小额担保贷款等约40个项目进行全面的汇总统计（以下简称"大口径支出[④]"），据此得出的2008年大口径支出约为1033亿元，这其中财政直接投入482亿元（其中中央财政投入319亿元），失业保险基金中支出28亿元，残疾人就业保障金中支出57亿元，减免税收409亿元，减免收费57亿元；2009年大口径支出约1615亿元（2009年减免税收无统计，按与2008年相同测算），这其中财政直接投入

① 中国劳动出版社1993年版。
② 我国从1999年开始有就业补助资金的正式统计数据。
③ 不含下岗职工基本生活保障资金。当时的下岗职工基本生活保障资金是再就业工程重要组成部分，也可用于促进就业，只是未列入就业科目。
④ 由于技术问题，大口径支出统计数据并不完整（除就业专项资金及小额担保贷款资金统计了地方投入外，其余各项资金均未统计地方投入数据）。

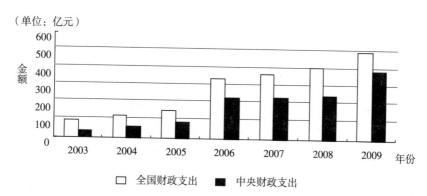

图4-6　各级财政就业专项资金支出情况图

数据来源：《2010 年财政社会保障简明统计资料》。

642 亿元（其中中央财政投入 463 亿元），失业保险基金中支出 135 亿元，残疾人就业保障金中支出 69 亿元，减免收费 360 亿元（见表 4-5）。

表 4-5　大口径就业支出表

（单位：亿元）

		2008 年	2009 年
合计		1033.06	1614.55
财政投入		481.94	641.76
	中央财政投入	319.47	463.01
	地方财政投入	162.47	178.75
减免税收		408.79	408.79
减免收费		57.00	360.00
残疾人就业保障金		57.00	69.00
失业保险基金支出		28.33	135.00

数据来源：《财政社会保障简明统计资料》、社会保险基金决算、财政部相关司统计数据。

（五）劳动力供需矛盾得到有效控制

新中国成立以来，党和政府针对不同时期就业方面的突出问题，积极采取针对性措施，使劳动力供需矛盾得到有效缓解。主要体现在三个方面：一是就业率[①] 相对稳定。1952—1977 年，就业率大约在 70%—80% 之间；1978—1996 年，就业率略高于80%，其中 1990 年达到 85%[②]；1997—2009 年，就业率始终保持 80% 以上。二是城镇登记失业率保持在较低水平。20 世纪 70 年代末，我国建立了城镇登记失业制度。1978—1996 年，城镇登记失业率呈现逐步下降后又略有上升的趋势，1978 年 为 5.3 %，1990 年 为 2.5 %，1996 年为 3.0 %；1997—2009 年，城镇登记失业率小幅上升后稳定在较低水平，1997 年为 3.1%，2002 年为 4.0%[③]，2009 年为 4.3%。三是调查失业率稳中有降。20 世纪 90 年代末，我国开始进行劳动力抽样调查工作，2005 年正式建立了劳动力调查制度，根据抽样调查情况，我国调查失业率总体稳中有降，2000 年为 6.07%，2002 年为5.56%、2009 年为 4.92%（见图 4-7）。

① 根据国际劳工组织规定，就业率是就业人口占劳动年龄人口（15—64 岁）的比例。

② 1990 年前后就业率较高的主要原因：这一时期是我国新旧就业体制并存时期，一方面国有企业存在大量冗员；另一方面非公有制经济、乡镇企业高速增长，吸纳了大量劳动力。同时，各地通过劳动服务公司也安置了大量城镇待业人员。下文 1990 年前后城镇登记失业率较低的原因与此类似。

③ 2002 年登记失业率上升，是因为 2001 年后再就业服务中心的下岗职工逐步走出中心，从隐性失业转为显性失业。

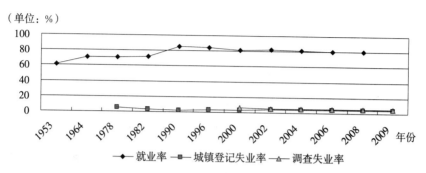

（单位：%）

图4-7　我国就业率、城镇登记失业率、调查失业率变动趋势图
数据来源：《2009年中国统计年鉴》；调查失业率数据由国家统计局提供。

三、就业成效的国际比较

我国是发展中大国，人口多、底子薄，就业压力很大。通过国际比较，可以对我国就业工作取得的成就有一个更加深刻的认识。

（一）我国就业成效是在难度很大的情况下取得的

1. 供需矛盾较大

决定劳动力供给的主要因素是经济活动人口① 数量。我国是世界上经济活动人口数量最多的国家，2007年年末为78279万人，占世界经济活动人口总量309981万人的四分之一。如此庞大的劳动力供给，是困扰我国就业的头等难题。而决定劳

① 经济活动人口主要指16周岁以上，有劳动能力，参加或要求参加社会经济活动的人口，包括从业人员和失业人员。

动力需求的重要因素是经济规模。改革开放以来，我国虽然保持着较高的经济增长率，但经济规模相对较小，2009 年中国 GDP 占世界经济总量的 8.5%。假设不考虑经济结构和劳动生产率的差异，用经济活动人口占世界经济活动人口比重衡量一国劳动力供给水平，用 GDP 占世界 GDP 比重衡量一国劳动力需求状况，那么我国劳动力供给与需求之比为 3：1，劳动力供给远大于需求。而美国、日本、德国、法国、英国等发达国家这一比值分别为 1：4.9、1：4、1：4.3、1：5.1、1：3.8，劳动力供不应求（见表 4-6）。印度、印度尼西亚、泰国、伊朗、埃及等发展中国家这一比值分别为 6.9：1、4：1、2.4：1、1.5：1、2.7：1，劳动力供过于求（见表 4-7）。总体而言，我国劳动力供需矛盾远大于发达国家，在发展中国家处于中等偏下水平。

表 4-6　发达国家经济活动人口、GDP 占世界比重情况表

国家	经济活动人数（2007 年）	占世界经济活动总人口比重（%）	占世界GDP比重(%)（2009 年）	占世界经济活动人口比重与占世界GDP比重之比	失业率（%）（2009 年年底）
美国	15629	5.04	24.60	1/4.9	10
日本	6583	2.12	8.70	1/4	5
德国	4144	1.34	5.80	1/4.3	7.5
法国	2800	0.90	4.60	1/5.1	10
英国	3139	1.01	3.80	1/3.8	7.8
意大利	2517	0.81	3.70	1/4.6	8.5
加拿大	1849	0.60	2.30	1/3.9	8.5
澳大利亚	1090	0.35	1.70	1/4.8	5.5

数据来源：国际统计年鉴及国际货币基金组织数据。

表 4-7　发展中国家经济活动人口、GDP 占世界比重情况表

国家	经济活动人数（2007 年）	占世界经济活动总人口比重（％）	占世界GDP 比重(％)（2009 年）	占世界经济活动人口比重与占世界 GDP 比重之比（％）	失业率(％)（2009 年年底）
中国	78279	25.25	8.50	3	4.60
泰国	3791	1.22	0.50	2.4	1.50
伊朗	2851	0.92	0.60	1.5	12.90
乌克兰	2330	0.75	0.20	3.8	7.70
埃及	2550	0.82	0.30	2.7	9.40
印度尼西亚	11045	3.56	0.90	4	9.00
越南	4489	1.45	0.08	18.1	4.66
印度	44679	14.41	2.10	6.9	8.40

数据来源：国际统计年鉴及国际货币基金组织数据。

2. 特殊矛盾较多

一是农村剩余劳动力转移压力大。改革开放前，国家优先发展重工业，由于重工业吸纳的劳动力少，大量的农村劳动力不能实现向非农产业转移，形成了庞大的农村剩余劳动力。改革开放初期的 1978 年，农业劳动力高达 2.83 亿人，占城乡就业人员总数的 70％，而农业增加值占 GDP 的比重只有 28％，呈现出极强的城乡二元结构。改革开放后，国民经济经过 30 年的快速发展，带动了农业剩余劳动力向非农产业转移。但到 2009 年，农业就业人员占城乡就业人员的比重仍然高达 38.1％，而发达国家这一比重普遍在 10％以下。二是经济体制转轨造成的失业压力大。据统计，1998—2005 年，国有企业下岗失业人员达到 3300 万人，其中 2000 年仅国有企业下岗职工人数就达到 657 万人，当年转轨国家比如俄罗斯、波兰、罗马尼亚、保加利亚和捷克，

失业人数分别为 646 万人、282 万人、76 万人、67 万人和 43 万人，我国仅国有企业下岗职工人数就比俄罗斯的失业人数还要多，如果再加上每年 800 多万的城镇登记失业人员，我国转轨带来的失业压力是发达国家没有遇到过的，也远远大于东欧等转轨国家。

3. 劳动力素质仍然偏低

虽然国家大力发展教育事业，劳动者受教育程度大幅度提高，接受高等教育人数大幅度增加，但与其他国家相比，我国劳动力素质总体仍然偏低。金融危机提醒我们，受教育和培训程度较低的劳动者是最容易遭到失业风险的弱势群体，因为劳动力市场存在着大量低技能的工人，会使雇主们坚信解雇的工人很容易找到替代者。一是 15 岁以上成人识字率较低。2007 年我国 15 岁以上成人识字率为 93.31%，不仅低于高收入国家 98.98% 的水平，而且低于部分发展中国家水平（见表 4-8）。二是初等、中等和高等教育入学率低。2005 年我国初等、中等和高等教育入学率总计为 69.1%，不仅大大低于高收入国家 92.3% 的水平，还低于中等收入国家 73.3% 水平。劳动力素质偏低，加大了劳动者就业的难度（见表 4-9）。

表 4-8　2007 年部分国家 15 岁以上成人识字率

（单位：%）

国家	识字率（%）	国家	识字率（%）
高收入国家	98.98	泰国	94.15
中国	93.31	墨西哥	92.80
文莱	94.85	阿根廷	97.64
印度	66.02	委内瑞拉	95.15
蒙古	97.28	俄罗斯	99.52

数据来源：世界银行数据。

表4-9 2005年初等、中等、高等教育入学率

（单位：%）

国家	初等、中等和高等教育入学率（%）	国家	初等、中等和高等教育入学率（%）
世界平均水平	67.8	德国	98.0
高收入国家	92.3	法国	96.5
中等收入国家	73.3	英国	93.0
中国	69.1	韩国	96.0
美国	93.3	印度	63.8
日本	85.9	巴西	87.5
南非	77.0	马来西亚	74.3

数据来源：联合国开发计划署《人文发展报告》。

由此不难看出，我国的就业矛盾，是其他国家所不能相比的，甚至是不可想象的。但针对上述困难和问题所采取的措施和取得的成效，却是令世人赞叹的。一是改革开放以来，我国始终把发展经济、扩大就业放在首位，始终把实现充分就业作为利民之本、安国之策；二是注重调整产业结构，扩大就业空间，吸纳了大量的包括农村转移劳动力在内的劳动者就业；三是注重积极稳妥，实施"软着陆"，特别是在经济转轨期间，实施再就业工程，建立"三条保障线"，妥善解决了下岗职工基本生活保障向失业保险并轨后遗留的问题。

（二）我国就业法规体系建设是在起步较晚的情况下快速推进的

首先，从立法时间看，我国就业立法时间较晚。美国、日

本、英国在 20 世纪 40 年代就制订并实施了专门的就业法，韩国、俄罗斯、欧盟等也在 21 世纪前实施了就业方面的综合性法律。我国早先出台的《宪法》和《劳动法》中虽然包含了就业促进方面的内容，但第一部专门的就业法律《就业促进法》则是 2008 年实施的，比美国晚了六十多年，比俄罗斯、欧盟等许多国家和地区晚了约 10 年（见表 4-10）。其次，从各国实践看，大多数国家都普遍早于我国实施了劳动力市场政策①。第二次世界大战期间及战后，凯恩斯主义作为欧美经济发展的主流思想，在劳动力市场领域提倡政府扩大劳动力需求，实现劳动力市场的供需平衡。瑞典是最早推行劳动力市场政策的欧洲国家，20 世纪初期各个市镇就设立了就业办公室，20 世纪 30 年代推行了救济工作项目和特殊青年人项目。从 20 世纪 70 年代开始，欧洲其他国家也纷纷实施了劳动力市场政策。同样作为发展中的人口大国，印度官方虽然没有正式提出过"积极劳动力市场政策"，但其长期以来实施的各项促进就业政策，实质上是在以市场机制为主导的前提下对劳动力市场的积极干预。2002 年我国开始实施积极的就业政策，比许多欧洲国家晚了二三十年，有的甚至近百年。

虽然我国《就业促进法》正式实行刚满 3 年，积极的就业政策实施还不到 10 年，但已经形成了比较完善的就业政策体系，涉及财政补贴、税费减免、金融扶持等多个方面，完成了从城市到农村、从国有企业下岗失业人员到全体劳动者的

① 国外劳动力市场政策一般包括公共就业服务、培训、就业激励、残疾人融入、直接创造就业等，大致与我国积极就业政策相当。

广泛覆盖（见表 4-11）。我们可以自豪地说，发达国家在建立就业法规体系方面用了几十年甚至上百年的时间，而我国只用了十多年的时间。

表 4-10　世界主要国家和区域就业立法情况表

	国家	时间	法律	主要内容
就业法案	美国	1946 年	就业法	通过财政政策与货币政策，刺激经济复兴，实现最大程度的就业
	日本	1947 年	就业安定法	详细规定了人力资源市场体系运作的基本框架规则
	英国	1948 年	就业与培训法	将劳工交换所（帮助失业人员就业，将职业介绍工作归由国家经营）改为就业交换所，授权劳工部发布全国就业信息，指派就业委员会委员，举办成人就业培训，保障就业安全，辅导劳工异地就业等
	德国	1969 年	促进就业法	就业政策从消极转向积极，包括通过培训措施增加长期失业者重新就业机会等
	韩国	1993 年	基本就业政策法	
	俄罗斯	1996 年	居民就业法	对失业保障和促进就业作了统一规定，由于当时处于体制转轨背景下，因此该法案侧重于保障失业人员基本生活，其后俄罗斯对居民就业法进行了 9 次修订，逐步加大促进就业力度，不断完善就业服务功能
	欧盟	1997 年	阿姆斯特丹条约	首次将就业问题作为独立内容，此后确定的"欧洲就业战略"将创业精神、提升就业能力、增加劳动者对新技术与新的市场环境的适应性和男女平等就业作为欧盟就业战略的四大支柱
	中国	2007 年	就业促进法	把扩大就业放在经济发展突出位置，强调公平就业，加强就业服务，强化职业教育和培训，加大就业援助

国家		时间	法律	主要内容
就业服务	英国	1909 年	劳工交换法	是世界第一部就业服务立法，规定在全国各地设置劳工交换机构以帮助失业人员就业
		1944 年	残疾人就业法	
		1948 年	就业与培训法	授权劳工部发布全国就业信息，指派就业委员会举办成人就业培训，辅导劳工异地就业等
		1980—1999 年	反性别歧视法、工资法、工会与劳工关系法、劳资纠纷法等	—
	美国	1926 年	铁路劳动法	
		1933 年	瓦格勒法案	劳工部成立培训与就业服务司，专门提供各项就业服务
		20 世纪 60、70、90年代	人力开发与培训法案、紧急就业法、劳动力投资法案等	把各州就业服务统一为全国性服务
	法国	1998 年	劳动力投资法案	确定了"一站式"就业服务体系，集中提供求职帮助、就业咨询、职业介绍、职业培训、申领失业津贴等多项就业服务
	日本	—	劳动基准法、雇佣对策法、雇佣保险法、最低工资法等	—

表 4-11　世界部分国家就业政策一览表（截至 2010 年）

政策类型	政策	美国	日本	德国	法国	英国	意大利	加拿大	西班牙	瑞典	俄罗斯	印度	埃及	中国
劳动力市场政策	公共就业服务	✓	✓	✓	✓	✓	✓	✓	✓	✓	✓	✓	✓	✓
	劳动力市场培训（成人）	✓	✓	✓	✓	✓	✓	✓	✓	✓	✓	✓		✓
	青年培训（包括青年失业）	✓	✓	✓	✓	✓	✓	✓				✓		✓
	就业补贴（包括创业补贴）	✓	✓	✓	✓	✓	✓	✓		✓				✓
	针对残疾人措施	✓	✓	✓	✓	✓	✓	✓						✓
	失业津贴与救济等	✓	✓	✓	✓	✓	✓	✓	✓	✓				✓
帮助困难群体就业	政府创造公益性就业岗位		✓		✓						✓	✓		
	对就业困难人员实现就业给予一次性补贴				✓	✓			✓					✓
	延长失业保险金发放期限									✓				
	对就业困难人员，减免社会保险费				✓									✓

资料来源：根据相关资料整理得出。

（三）我国政府的就业投入是在财政汲取能力较低的情况下不断加大的

在财力有限的情况下，我国实施了积极的就业政策，就业投入不断加大。一是直接促进就业支出增长迅速。全国就业专项资金占 GDP 比重由 2003 年的 0.07％提高到 2008 年的 0.13％，而这一时期许多 OECD 国家劳动力市场支出①占 GDP 比重出现下降，比如澳大利亚、法国、德国、日本、英国、美国分别下降了 0.39、0.59、1.06、0.3、0.45、0.25 个百分点（见表 4-12）。

表 4-12　部分 OECD 国家劳动力市场支出占 GDP 比重

（单位：％）

国家	2003 年	2008 年
澳大利亚	1.13	0.74
法国	2.75	2.16
德国	3.46	2.40
日本	0.79	0.49
英国	0.93	0.48
美国	0.68	0.43

数据来源：经合组织《就业展望 2009》。

二是间接投入力度大。这方面的成效主要体现在投资、减免税费拉动就业上。从增加投资方面看，改革开放以来，我国经济持续快速发展，经济规模是影响就业规模的重要因素，投资对 GDP 的高贡献率决定了其对就业拉动作用显著。以应对本次国际金融危机为例，为保增长、保民生、保稳定，我国出台了 4 万亿元投资计划，其中：中央政府新增投资 1.18 万亿元，主要用于保障性安居工程、基础设施、社会事业、环境保护、自主创新等领域，

①OECD 国家劳动力市场支出主要包括 8 项：公共就业服务、培训、就业激励、残疾人融入、直接创造就业、创业激励、失业补助、提前退休津贴。大致与我国就业专项资金支出范围相当。

这些投资大约创造了 2200 万个就业岗位，缓解了就业压力。根据 IMF 测算，我国刺激经济、带动就业的资金总额占 GDP 的比重在世界范围内是比较高的，2009 年为 3.2%，而美国为 2.0%，G20 中欧洲国家平均水平为 1.0%（其中法、德、英、意分别为 0.7%、1.5%、1.4%、0.2%），墨西哥为 1.5%。相比于发达国家较为坚实的财政、金融基础和比较健全的社会保障体系，我国实行经济刺激政策尤为不易。从减免税费方面看，2009 年我国共减免税费约 5000 多亿元，占 GDP 的比重约为 1.5%；出口退税 6487 亿元，占 GDP 的 1.94%。此外，为稳定就业，我国还实施了"五缓四降三补贴两协商一开口"政策，允许困难企业在一定期限内缓缴五项社会保险费，阶段性降低四项社会保险费率，使用失业保险基金支付社会保险补贴或岗位补贴，使用就业专项资金支持困难企业开展在岗职工培训，鼓励和引导职工与企业平等协商共渡难关，困难企业与工会或职工平等协商后分期支付或以其他方式支付经济补偿金等，以减轻企业负担，鼓励其尽量不裁员或少裁员。据人力资源社会保障部统计，此项政策仅 2009 年一年就可减轻企业负担约 400 亿元，惠及 160 万户困难企业，稳定 6000 万个岗位。相对于较低的财政汲取能力，我国直接和间接用于促进就业的投入力度是非常大的。

四、就业工作面临的新形势、新问题

　　尽管我国就业工作取得了令人瞩目的成绩，但作为世界上劳动力供给最大的国家，供需矛盾短期内难以化解；与此同时，我国正处于体制转轨过程中，市场就业机制尚不健全，就业工作管理体制还不完善，就业服务水平有待提高，就业工作仍然面临诸多困难。

（一）劳动力供需矛盾短期内难以化解

当前，有关专家、学者对我国劳动力供求情况的趋势分析，有两种倾向性观点：一是前景乐观，认为我国劳动力供求矛盾在短时期内可以得到缓解。蔡昉在《刘易斯转折点及其政策挑战》[①]一文中提出，沿海地区的民工荒不是暂时现象，中国经济已经进入"刘易斯转折区间"，劳动力供给长期大于需求的格局将逆转，今后应重点关注劳动力短缺问题。西南财经大学熊健益在《2020年以前劳动力供求状况研究》[②]中提出，2014—2015年劳动力供求总体上基本平衡，2016—2020年劳动力供给将不能满足经济发展的需要。二是前景悲观，认为我国劳动力供大于求的矛盾将长期存在。张车伟在《城镇劳动力供求形势与趋势分析》[③]中提出，2020年前，城镇劳动年龄人口一直会保持较大的增长压力，城镇劳动力市场面临的供给压力仍不容忽视。

通过对影响劳动力供求相关因素的分析，笔者认为，对我国未来劳动力供求形势的判断，既不能过于乐观，也不能过于悲观。预计2017年以前，

[①] 社会科学文献出版社2007年版。刘易斯转折点指剩余劳动力被吸收完的时点。
[②] 载于《统计教育》2008年第6期。
[③] 载于《中国人口科学》2005年第5期。

我国劳动力供求仍有较大压力，结构性矛盾仍然突出。

1. 劳动年龄人口 2015 年将达到峰值

近年来我国的人口自然增长率只有 5‰ 左右；而根据国家老龄委预测，2004—2014 年，60 岁以上老年人将由 1.43 亿增加到 2 亿，年均增长 3%。由于人口自然增长慢而老龄化速度快，劳动年龄人口增加量逐年减少。据国家统计局专家预测，劳动年龄人口约在 2015 年达到最高峰，随后将呈下降趋势，这意味着我国劳动力供给在 2017 年以前仍将保持高位。

2. 农业劳动力转移压力大

根据农业部农业和农村经济"十二五"规划课题成果，在目前我国 3.07 亿的农业劳动力中，农业生产需要劳动力约 1.8 亿人，约有农业剩余劳动力 1.2 亿人。国家发改委宏观经济研究院专家认为，按照产业结构的一般规律，我国农业就业人口占全部就业人口的比重将逐步降低到 10% 以下。"十二五"期间，随着农业劳动生产率和农民工工资水平的提高以及户籍制度改革的深化，农业劳动力转移步伐将加快。2000—2009 年，我国农业就业人口占城乡全部就业人口的比例由 50% 下降到 38.1%，年均下降 1.3 个百分点。按照这一速度，"十二五"期间乃至稍后一些时间，每年要转移的农业劳动力在 1000 万人以上，高于 2000 年至 2009 年间年平均转移 900 多万人的规模。

3. 经济发展方式转变将使就业压力增大

一方面表现为就业岗位需求减少，将导致"有人没活干"。受世界经济形势的影响，出口导向的劳动密集型加工业对就业增长的贡献率可能下降。"十二五"期间，国家将继续大力推动经

济发展方式的转变，单纯拼资源、高投入、高耗能、高污染的"粗放式"发展模式必将受到制约，相关领域的就业岗位将会减少。另一方面表现为对劳动力技能素质的要求更高，将导致"有活没人干"。经济发展方式的转变，要求制造业由"中国制造"向"中国创造"转变，要求大力推进战略性新兴产业，发展新能源、新材料、节能环保、生物医药、信息网络和高端制造产业；要求提高服务业的发展水平及其在国民经济中的比重，大力发展金融、信息、物流、研发、设计、商务、节能环保等现代服务业；要求建设现代农业，接纳、消化、吸收新技术、新成果、新信息。这些产业、行业的科技含量高，对劳动力素质的要求高，而目前我国劳动力技能素质还难以完全适应这种快速的转变。同时，这也意味着，中国经济要保持持续快速发展，不能再依靠劳动力总量的增加，而应依靠劳动生产率的提高，这也对提高劳动者素质提出了更高的要求。

（二）"三位一体"就业方针落实中存在"短板"

1. 劳动者自主择业观念有待进一步增强

近年来，随着就业体制变迁，劳动者就业观念发生了较大转变，自主择业意识日渐增强，但受传统择业观念的影响，不少人仍存在等、靠、要思想，缺乏自主择业的主动性。比如，2009年河北建龙集团（民营企业）在对吉林通化钢铁股份公司进行增资控股过程中发生的群体性事件，主要原因之一是原企业职工"国有情结"浓厚，担心丢失"铁饭碗"，从而使矛盾激化。另外，近年来高校毕业生就业问题突出，其中一个重要原因在于一些高校毕业生没有树立正确的就业观，认为到大机关、大企业、大城市、收入高的行业就业才算真正就业，到小城市、小企业、收入一般的行业就业甚至自主择业，都是不体面的就业，不算真正就业。这就造成一些高校毕业生的"就业理想"与"就业现实"不匹配。根据调研了解的情况，实际上目前绝大多数大学毕业生也都在从事有收入的工作，但其中有些人并不认为自己已经就业。

2. 市场对就业的基础调节机制尚不完善

首先，用人单位和劳动者自由选择机制尚未完全建立。在目前人力资源市场中，用人单位处于主动和强势地位，劳动者处于被动和弱势地位，双方公平、规范的选择机制还没有完全建立，市场平衡劳动力供需矛盾的作用还没有充分发挥。其次，劳动力价格的市场决定机制尚不健全。劳动力价格是由劳动力供求关系决定的，随着劳动生产率的提高，劳动者的工资报酬也应相应提高。目前我国劳动力实际获得的报酬并不能准确反映劳动力市场价格。2010 年 5 月份，广东省佛山市本田汽车零部件制造有限公司发生的员工停工事件就是一例，其主要原因就是员工不满薪资待遇，且解决渠道不够畅通。为了弥补市场失灵，国家要求建立工资集体协商机制，但这一机制目前还不够完善，导致工资报酬的确定缺乏一定的平等、民主和公开程序，这无疑会对劳动者就业的积极性产生一定的影响。

3. 政府促进就业"缺位"与"越位"并存

首先，政府存在"缺位"现象。以劳动执法监察工作为例，《劳动合同法》要求用人单位必须与劳动者签订劳动合同并缴纳

社会保险费，但由于劳动执法监察缺失或力度不够，目前用人单位不签劳动合同、不给职工缴纳社会保险费、拖欠工资等问题时有发生，比如，2009年城镇企业职工基本养老保险覆盖面只有51.6%。这些问题使劳动者的合法权益得不到有效保护，影响了劳动者的就业质量。其次，政府有时也存在着"越位"现象。以政府购买公益性岗位①安置就业为例，按照规定，适宜于公益性岗位就业安置的对象为就业困难人员②，政府对在公益性岗位就业的就业困难人员给予养老、医疗、失业等社会保险补贴和岗位补贴，所需经费在就业专项资金中开支。除对距法定退休年龄不足5年的就业困难人员可延长至退休外，其余人员最长不超过3年。之所以对就业困难人员范围和享受公益性岗位补贴时限进行严格界定，一方面是为了扶持弱势群体就业；另一方面是为了尽可能减少劳动者对政府的依赖，增强劳动者自主择业的能力和动力。但在实际执行中，许多地区将公益性岗位安置人员范围扩大到非就业困难人员，如有的地方将"4050"人员扩大到"3545"人员甚至高校毕业生，陕西省某市通过公益性岗位安排了4万名农民工进村打扫垃圾；有的地方随意延长享受公益性岗位补贴和社会保险补贴的期限，致使公益性岗位就业人员"进来容易出去难"、"上岗容易离岗难"；有

① 公益性岗位一般指保洁（环卫）、保绿（绿化）、保安（治安）、保交（交通协理）等岗位，这些岗位对就业技能要求不高，劳动强度低。
② 就业困难人员一般是指身体有残（病）、年龄偏大（如"4050"）、技能单一、家庭困难、失去土地等原因难以实现就业，以及连续失业超过一定时间仍未能实现就业的人员。就业困难人员的具体范围，由省、自治区、直辖市人民政府根据本行政区域的实际情况确定。

的地方盲目开发公益性岗位，并通过公益性岗位为部分单位、部门、系统招用工作人员，实际等于变相增加行政事业性编制，变相增加经费开支，从而形成"第三支公务员队伍"或"财政供养人员"。这不仅弱化了市场配置人力资源的机制，不利于劳动者自主择业、自主创业，而且也加大了政府的就业投入成本。2004年年末，全国享受公益性岗位补贴的只有70多万人，2009年年末达到315万人；公益性岗位补贴资金支出也从25亿元增加到109亿元（见图4-8）。

（单位：万元）

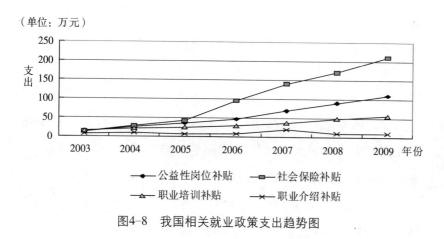

图4-8　我国相关就业政策支出趋势图

（三）就业工作管理体制不够顺畅

1. 部门之间协调配合有待加强

我国就业政策面广、点多、线长，仅参与就业工作管理的相关部门就有20多个。多部门齐抓共管，有利于调动各方面参与就业工作的积极性，有利于发挥部门优势，促进就业工作的开展。但从近几年工作实践看，也存在部门间协调配合不够的问题，使政策出现"碎片化"。比如，农民工培训工作目前有五个培训项目（技能就业、阳光工程、雨露计划、星火计划、家政服务），分别由五个部门（人力资源和社会保障部、农业部、扶贫办、科技部、商务部）牵头（见表4-13）。这五个项目在培训目标、对象、内容等许多方面都大同小异，仅仅由于部门间缺乏统筹协调，导致培训补贴标准不一、管理要求不一、培训效果考核机制不一、资金渠道不一，同时各个培训项目都在拉"生源"，时常出现被培训者根据补贴标准选择培训、重复培训的现象，降低了政策实施效果和资金使用效益。再比如，目前促进大学生基层就业有"三支一扶"、"村官计划"、"大学生志愿服务西部计划"、"农村义务教育阶段学校教师特设岗位计划"四个项目，分别由四个部门牵头负责。四个项目性质类似，但政策不够衔接，待遇不够平衡，财政支持力度不够统一，导致同样是鼓励大学生到基层就业，但项目与项目之间不够公平、相互攀比。在社会保险方面，"三支一扶"项目规定大学生参加当地社会保险，并办理补充医疗保险；"村官计划"项目规定大学生办理医疗、人身意外商业保险。在工资待遇方面，同为服务西部地区，"村官计划"项目规定大学生比照乡镇从高校毕业生中新录用公务员试用期满后的工资水平确定工作、生活补贴，中央财政对西部地区的每人每年拨付1.5万元，不足部分地方财政补贴，同时中央财政还按人均2000元的标准发放一次性安置费；"特岗计划"项目规定享受与当地同等条件下公办教师的同等待遇，中央财政按年人均2万元的结算标准拨付；而"大学生志愿服务西部计划"项目规定大学生按每人每月800

元享受生活补贴，全年仅 9600 元（见表 4-14）。

表 4-13　农民工培训项目统计表

项目	负责部门	政策依据	设立时间
技能就业计划	人力资源和社会保障部	《国务院关于做好就业再就业工作的通知》（国发 [2005]36 号）	2006 年
阳光工程	农业部	《关于组织实施农村劳动力转移培训阳光工程的通知》（农科教发 [2004]4 号）	2004 年
雨露计划	扶贫办	《关于印发〈关于在贫困地区实施"雨露计划"的意见〉和〈贫困青壮年劳动力转移培训工作实施指导意见〉的通知》（国开办发 [2007] 15 号）	2006 年
星火计划	科技部	依托科技项目，对返乡农民工和在乡农民进行面向农村生产生活的实用技术培训	
家政服务工程	商务部	《关于实施"家政服务工程"的通知》（商商贸发 [2009]276 号）	2009 年

资料来源：根据有关资料整理。

表 4-14　我国各类引导和鼓励高校毕业生面向基层服务项目情况对比表

项目名称	高校毕业生"三支一扶"计划	选聘高校毕业生到村任职工作（"村官"计划)	大学生志愿服务西部计划	农村义务教育阶段学校教师特设岗位计划
项目内容	选派高校毕业生到乡镇开展支教、支农、支医和扶贫工作。	选派高校毕业生到村任职，加强农村基层干部队伍建设。	选派高校毕业生为西部基层教育、医疗卫生、文化、农技推广等公共事业的发展提供阶段性服务。	选聘高等师范院校和其他全日制普通高校应届毕业生，以及少量应届师范类专业专科毕业生等，到西部"两基"攻坚县县以下农村义务教育阶段学校任教，逐步解决农村师资总量不足和结构不合理等问题。

项目名称	高校毕业生"三支一扶"计划	选聘高校毕业生到村任职工作("村官"计划)	大学生志愿服务西部计划	农村义务教育阶段学校教师特设岗位计划
牵头单位	人力资源和社会保障部牵头，中组部、教育部、财政部、农业部、卫生部、扶贫办、共青团中央共同组织实施	中组部牵头，教育部、财政部、人力资源和社会保障部共同组织实施	共青团中央牵头，教育部、财政部、人力资源和社会保障部共同组织实施	教育部牵头，财政部、人力资源和社会保障部、中央编办共同组织实施
招募对象与条件	主要为全国普通高校应届毕业生	30岁以下应届和往届的全日制普通高校专科以上学历的毕业生。原则上要求中共党员。非党员的优秀团干部、优秀学生干部也可应聘	普通高校应届毕业生	1.以高等师范院校和其他全日制普通高校应届毕业生为主，可招少量应届师范类专业专科毕业生。2.取得教师资格，具有一定教学实践经验，年龄在30岁以下的高校毕业生。3.报名者应同时符合教师资格条件要求和招聘岗位要求
招募方式	公开招募、自愿报名、组织选拔、统一派遣	个人报名，经审查、体检后培训上岗	公开招募、自愿报名、组织选拔、集中派遣、对口援助	公开招聘、合同管理
数量规模	从2006年开始，每年选派2万名高校毕业生，连续5年。目前已选派126816名，其中2009年规模约为38000人	计划2008—2012年，每年选聘2万名，5年共选聘10万名。由于报名踊跃，2008、2009两年选聘8.4万名。根据中央领导指示，计划将总规模扩大至20万人，占到全国行政村数量的1/3左右	从2003年开始，每年派遣1万名之内（2009年扩大到1.5万名）的高校毕业生。目前共选派52692名（服务人次71296）高校毕业生	从2006年开始，用5年时间实施。2006年共安排2—3万个特设岗位，以后每年根据实际情况另行确定招聘人数。截止到2009年年底共招聘数量约为12.2万人

项目名称	高校毕业生"三支一扶"计划	选聘高校毕业生到村任职工作("村官"计划)	大学生志愿服务西部计划	农村义务教育阶段学校教师特设岗位计划
服务期间身份	"三支一扶"志愿者	"村组特设岗位"人员,系非公务员身份	西部计划志愿者	特设岗位教师
待遇(补贴和保险)	1.从2009年起,"三支一扶"大学生在服务期间参照本地乡镇事业单位从高校毕业生中新聘用工作人员试用期满后工资收入水平标准,确定工作、生活补贴标准,按月发放;2.中央财政从2010年起对各地实施高校毕业生"三支一扶"计划给予专项经费补助;3.规定"三支一扶"大学生在服务期间,按照当地规定,参加相应的社会保险,以提高其保障水平。其中在建立补充医疗保险制度的地方,应在参加社会医疗保险的基础上,为其办理补充医疗保险	1.项目经费由中央和地方财政共同承担;2.比照乡镇从高校毕业生中新录用公务员试用期满后工资水平确定工作、生活补贴,在艰苦边远地区的,按规定发放地区津贴。中央对西部地区的每人每年拨付1.5万元,中部地区1万元,东部地区0.5万元,不足的由地方财政补贴。同时,中央财政按人均2000元的标准发放一次性安置费;3.参加养老社会保险;4.办理医疗、人身意外伤害商业保险	1.所需经费由中央财政统一支付;2.服务期间享受一定的生活补贴(含艰苦边远地区津贴),平均每人每月800元;交通补贴和人身意外伤害、住院医疗保险,平均每人每年1200元;3.服务期间计算工龄	1.特设岗位教师聘任期间,执行国家统一的工资制度和标准,享受与当地同等条件下公办教师的同等待遇。中央财政按年人均2.054万元的结算标准拨付。凡特设岗位教师工资性年收入水平高于2.054万元的,高出部分由地方政府承担工资支出;2.其他津补贴由各地根据当地同等条件公办教师收入和中央补助水平综合确定。同时提供必要的交通补助、体检费和按规定纳入当地社会保障体系,享受相应社会保障待遇,政府不为其办理商业保险

225

项目名称	高校毕业生"三支一扶"计划	选聘高校毕业生到村任职工作（"村官"计划）	大学生志愿服务西部计划	农村义务教育阶段学校教师特设岗位计划
期满就业去向	总的原则是自愿服务、期满自主择业。在派遣前均签订了服务协议	1.县级组织人事部门与其签订聘任合同，期满后可继续聘任，不再续聘的，提供就业服务；2.任职2年以上，经组织推荐可参加选调生统一招考；3.考研考公务员加分，优先录用	1.总的原则是鼓励扎根基层，自主择业，流动就业；2.考研考公务员加分；3.服务期满颁发服务证书、奖章	聘任期为3年，鼓励期满后继续扎根基层。对自愿留在本地学校的，要负责落实工作岗位。重新择业的，提供就业服务

资料来源：根据相关政策整理得出。

2. 中央和地方管理责任划分不够清晰

《就业促进法》规定，县级以上人民政府把扩大就业作为经济和社会发展的重要目标，纳入国民经济和社会发展规划，并制定促进就业的中长期规划和年度工作计划。但在具体落实中，各级政府之间的管理责任和权限并没有明确的划分。从中央层面看，有关部门出台的政策，有的"过于具体"，如在职业培训方面下达培训指标，许多地方为了完成上级任务，采取了一些不适当的措施甚至搞假培训、虚报培训人数；有的"过于原则"，如目前对公益性岗位没有明确界定，致使有的地方盲目扩大公益性岗位范围，带来不少问题。从地方层面看，《就业促进法》规定，县级以上人民政府应当根据就业状况和就业工作目标，在财政预算中安排就业专项资金用于促进就业工作。但在实际执行中，地方就业资金投入比例明显偏低，依赖中央的倾向较为明显。2003年以来，就业专项资金支出中，中央支出比重一路攀升，由

2003 年的 46% 提高到 2009 年的 70%（见图 4-9）。2009 年，山西、湖南、海南、贵州、青海等省中央负担比重都在 90% 以上。

（单位：%）

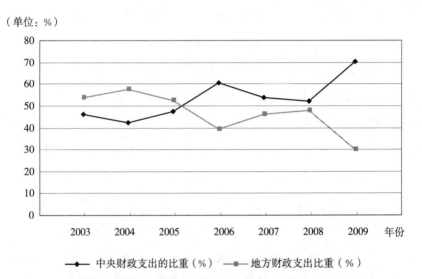

图4-9　我国就业专项资金中中央财政与地方财政支出比重变化图
资料来源：2009 年全国社会保险基金决算。

3. 就业服务和职业培训机制不够健全

首先，就业服务机构有待整合。目前提供公共就业服务的机构种类繁多，有原劳动保障部门管理的就业服务机构，还有原人事部门管理的人才服务机构；有残联部门管理的残疾人就业服务机构，还有教育部门、商务部门、工青妇组织管理的各类就业服务机构等。根据原人事部门和劳动保障部门统计数据，2007 年全国共有各类人才服务机构 6833 家，劳动就业服务机构 40331 家①。这些就业服务

①2008、2009 年人力资源和社会保障部门未进行统计，2010 年的数据正在统计中。

227

机构经营范围不一，经费渠道不一，条块分割，各自为政，资源浪费较大。其次，职业培训机构有待规范。目前职业培训机构管理中存在的突出问题就是管办不分、管理不规范。一些培训机构挂靠在主管部门，有的甚至和主管部门是一套人马、两块牌子。与民营培训机构相比，一些政府办的培训机构不是靠竞争求生存，靠质量求发展，而是利用其"垄断"地位，在市场准入、获得培训资质、承揽培训任务等方面取得"最惠待遇"，但其培训服务质量、培训效果以及培训后就业率却不尽如人意。这种管理方式不仅挤占了民营培训机构的生存空间，而且也影响了培训市场的公平、活力和效率。再次，劳动力市场信息网络建设有待加强。健全的劳动力市场信息网络可以为劳动者、用人单位和政府管理部门提供全面、准确的供求信息，促进供需双方的匹配，也方便政府对劳动力市场的监控。但目前劳动力市场信息网络建设难以适应就业工作的需要：一是不少地区特别是中西部地区缺少劳动力市场信息网络。二是已建立劳动力市场信息网络的地区，则往往自成体系，各搞一套，浪费资源。三是国家层面对劳动力市场信息网络建设缺乏统一规划、统一要求，导致条块分割，没有实现互联互通，信息无法共享，运行效率不高。在当前就业渠道多、就业形式灵活多样的情况下，政府难以通过信息网络有效掌握就业人员和失业人员的基本情况。这不仅影响就业服务工作的有效开展，也无法为政府决策提供可靠的参考依据。四是劳动力供求信息统计指标有待完善。目前我国判断劳动力供求及就业形势的指标主要是劳动力就业率和城镇登记失业率，由于目前对就业的概念缺乏定义、城镇登记失业率涵盖人群不完整（流出地人员在流入地登记存在阻力)、有的用人单位不签订劳动合同等，致使相当一部分隐性就业和隐性失业人员难以显性化，不能真实反映全社会的就业失业状况。

(四) 相关制度衔接匹配不够

近年来，在就业制度逐步建立和发展的同时，我国社会保障、教育、收入分配、户籍等制度也不断改革和完善，但由于就业制度本身尚不够健全以及其他制度与就业制度之间衔接和匹配不够，使就业制度难以充分发挥效力。

1. 缺乏准确的就业概念界定

国际劳工组织以及世界绝大多数国家对就业都有明确严谨的定义。我国劳动人口为世界之最，就业任务异常繁重，但对于什么叫就业，一直缺乏明确的定义，同时也没有明确国际劳工组织的就业概念是否适用于我国。由此带来的不良影响是，考核就业工作任务完成情况弹性很大。在年初分析就业形势时，可将灵活就业视同未就业人员，以说明当年就业形势的严峻性；在年终考核时，又可将其统计为已就业人员，以说明当年就业工作的成效。结果是有的地方年年年初就业形势严峻，但又年年年终超额完成任务。

2. 社会保障制度与就业制度联动不够

就业和社会保障都是和谐社会的重要支柱。目前我国某些社会保障政策的制定与就业政策之间缺乏联动机制。以某市城市居民最低生活保障政策为例，2010 年该市城市低保标准为 230元 / 人、月，一个 3 口之家无人劳动，可净得低保金 690 元，在此基础上，低保家庭凭《低保证》还可以享受教育、住房、医疗等项目费用的减免优惠，《低保证》的含金量很高①。如果这个低保家庭有 1 人在企业上班，月工资约在 1100 元左右（2010 年该市技术含量较低的工种平均工资在 1100 元／月左右），扣除上班时发生的交通费等开销后，剩余部分与其不上班（无工作）全家享受的低保金差不多，同时上班还享受不到住房、教育、医疗等费用减免政策。在这种情况下，与其上班挣工资，不如在家领低保。而且如果再打点零工，每月还可赚得 600—700 元的收入。据了解，目前低保家庭中有劳动能力的人员，政府安排了工作而不愿去的，情况不在少数。根本原因在于政策缺乏统筹协调，使就业和社保政策"各行其道"，导致社会保障标准不断提高，进而带来一些"养懒人"的问题。

3. 收入分配制度不够合理影响就业

这表现为两个方面：一是现行收入分配格局不利于促进就业。改革开放以来，国家不断改革收入分配制度，逐步消除了平均分配和"大锅饭"体制，大大调动了劳动者的积极性。与此同时，我国收入分配差距过大问题日益突出，据有关资料显示，改革开放之初，行业间收入水平最高为最低的 2—3 倍，而目前达到 5—10 倍；从 2000 年开始，我国基尼系数已越过 0.4 的国际警戒线，2009 年上升到 0.49，而发达国家 2008 年平均水平为 0.3（见表 4-15）。收入分配领域的不公正现象，在一定程度上干扰了以按劳分配为主的分配制度，进而影响了劳动者就业和劳动的积极性。二是收入分配政策与就业

---

① 据了解，在某些地区有的低保申请人甚至表示，只要给低保证，宁可不要低保金。

政策衔接不够。以最低工资为例，实施最低工资制度是政府保护劳动者权益、调节收入分配的重要手段。但最低工资标准不是越高越好，提高最低工资标准，有时是一把"双刃剑"。最低工资标准过高，虽然一定程度上可以缓解部分低收入职工的困境，但会造成政府对劳动力价格的过度干预，影响企业吸纳就业的积极性，站在社会视角看，并不会增加就业机会，况且许多劳动者也不会因为看中最低工资而去就业。近几年，各地政府陆续提高了最低工资标准，2010 年全国有 27 个省（自治区、直辖市）已上调或计划上调最低工资标准，其中，北京、河南、深圳、陕西、安徽、海南等 18 个省市最低工资的平均增幅多在 20% 以上。根据目前的情况分析，部分地区在提高最低工资时，对提高的幅度考虑较多，对就业的影响关注不够，可能会对就业产生负面影响。

表 4-15　部分国家和地区基尼系数比较表

国家和地区	年份	指数	国家和地区	年份	指数
中国	2009	0.49	美国	2008	0.41
丹麦	2008	0.25	泰国	2008	0.42
日本	2008	0.25	柬埔寨	2008	0.42
瑞典	2008	0.25	新加坡	2008	0.43
捷克	2008	0.25	伊朗	2008	0.43
挪威	2008	0.26	肯尼亚	2008	0.43
芬兰	2008	0.27	中国香港	2008	0.43
德国	2008	0.28	土耳其	2008	0.44
奥地利	2008	0.29	尼日利亚	2008	0.44
巴基斯坦	2008	0.31	墨西哥	2008	0.46
罗马尼亚	2008	0.31	菲律宾	2008	0.45

数据来源：联合国人类发展报告。

4. 教育体制尚不能很好适应就业市场需要

我国 15—59 岁劳动年龄人口中，大学专科以上学历的不到 5%。大学毕业生应该是劳动力市场上的优势群体，但近年来高校毕业生就业难的问题却日益突出，其原因并不是大学毕业生总量过剩，重要原因之一是我国教育与需求脱节的问题比较严重：一是课程设置滞后。课程设置与就业市场需求不协调，专业设置趋同，重复设置现象严重，"产"与"需"脱节。二是对学生的实践能力和创新创业意识培养不够。重书本知识、理论知识，而对运用知识能力、分析研究问题能力、动手实践能力缺乏相应的考核。我国大学生创业能力也较差，初次创业成功率只有 1%，远低于美国 20%的水平。三是职业教育滞后。相对于发达国家学历教育和职业教育"二元"并重、两条腿走路的教育模式，我国职业教育在招生规模、教育投入、教学条件等方面，发展相对滞后，难以满足劳动力市场对技能人才的需要。

5. 户籍制度阻碍劳动者自由流动

随着工业化、城市化进程的加快，近几年来，许多地区不断深化户籍制度改革，以促进城乡劳动力的有序流动。但基于户籍制度的就业歧视依然存在，从就业准入方面看，一些地方或明或暗地实行进城农民工的就业准入限制，很多用人单位只招本地非农户口人员；进城农民工哪怕长年在城市固定打工，也无缘或很难享受城市保障性住房等福利待遇。这些因素使得收入水平本来不高、生活负担很重的进城农民工，几乎不可能在城市安家落户。根据国家统计局 2009 年调查统计，55.14%的农民工期望未来在城市发展、定居，而据有关研究结果计算，仅有约10%（约1400万人）具有转为城市居民最起码的经济能力①。

（五）就业资金管理有待加强

从就业资金的主渠道即就业专项资金的使用管理情况看，也存在一些问题。

1.结构不合理

2009年就业专项资金支出中用于社会保险补贴、公益性岗位

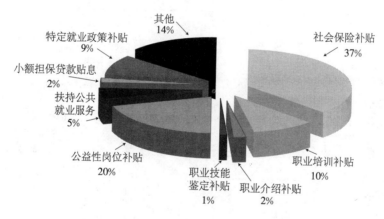

图4-10　2009年我国就业专项资金支出结构图

数据来源：2009年全国社会保险基金决算。

① 农业部农业和农村经济"十二五"规划重点课题。见《经济研究参考》2010年第45期。

补贴、特定就业政策补助等保障性支出为67%，职业培训补贴、职业介绍补贴、扶持公共就业服务、小额担保贷款贴息等促进性支出只占20%（见

图 4-10）。促进性就业支出比例偏低，不利于提高劳动者就业技能，实现自主就业。

2. 资金结余较大

根据全国社会保险基金决算统计，2003—2009 年，各级财政共筹集就业专项资金 2512.5 亿元，支出 2276.1 亿元。从动态情况看，滚存结余逐年增加，由 2003 年的 55.5 亿元增加到 2009 年的 259 亿元（见表 4-16）。

表 4-16　2003—2009 年我国就业专项资金筹集使用情况统计表

（单位：亿元）

年份	各级财政筹集	支出	年末滚存结余
2003	139.7	88.6	55.5
2004	179.9	148.5	87
2005	217	188.4	114.9
2006	452.5	377.8	196.7
2007	459.9	437.6	226.3
2008	472.3	478.9	226.4
2009	591.2	556.3	259
合计	2512.5	2276.1	

数据来源：2009 年全国社会保险基金决算。

就业专项资金形成大量结余，原因是多方面的。第一，政策落实未完全到位。比如，在解决国有企业下岗职工基本生活保障向失业保险并轨遗留问题时，虽然中央已经明确规定，经济补偿金补助政策执行到 2008 年年底，社会保险费补助政策执行到 2011 年年底，但由于各地企业改革改制节奏不一，有的地区预留部分资金以备企业改制时使用。从政策落实时间上看，我国积极的就业政策共进行了三次调整，每次调整从中央政策出台到地方实施至少有半年滞后期。这样，尽管就业政策门槛低、项目多、含金量高，但由于政策实施存在滞后期，加大了资金滚存结余。另外，政策的宣传不到位对政策实施影响很大。据中国民主同盟调查，大学生中清楚就业政策的仅占 8.8%。第二，相关部门多渠道申请资金。2005 年年底，我国停止执行国有企业下岗职工基本生活保障制度，根据规定，各级财政原来用于下岗职工基本生活保障的资金划转到就业专项资金中，扩大了就业专项资

表 4-17　就业专项资金和失业保险基金支出项目表

项目	政策依据	人员范围	支出项目
就业专项资金	就业促进法	登记失业人员、进城务工农村劳动者、就业困难人员等符合条件人员	职业介绍补贴、职业培训补贴、社会保险补贴、公益性岗位补贴、职业技能鉴定补贴、特定就业政策补助、小额担保贷款基金和小额担保贷款贴息、公共就业服务资金
失业保险基金	失业保险条例	失业人员	失业保险金、医疗补助金、职业培训和职业介绍补贴、其他费用
	劳动和社会保障部、财政部关于适当扩大失业保险基金支出范围试点有关问题的通知（劳社部发 [2006]5 号）	东部 7 省（市）失业人员	职业介绍补贴、职业培训补贴、社会保险补贴、公益性岗位补贴、小额担保贷款贴息和其他支出

资料来源：根据相关政策整理得出。

金存量。目前用于就业方面的资金，除了就业专项资金外，还有失业保险基金中用于促进就业的资金（见表4-17）以及农业、扶贫、科技等部门实施培训的资金。由于享受就业扶持政策的人员数量是一定的，多渠道安排就业资金，一定程度上造成了对就业专项资金的替代。第三，安排就业资金时对就业形势的判断不够准确。由于没有明确的就业概念，各地在年初测算资金需求时，普遍将灵活就业等排除在就业范畴之外，导致政府扶持就业的人数被夸大，就业资金预算偏多。

五、促进就业的中长期目标和建议

基于上述分析，拟从政府促进就业的战略角度，提出近期（到2012年）、中期（2013年到2020年）和远期（2021年到2040年）的政策建议。

近期（到2012年）：重点是做好"两个评估"、夯实"两个基础"、推进"两个转变"、完善"两个体系"。

（一）做好"两个评估"

国家在特定时期出台的一些阶段性就业政策，要及时进行总结评估，避免短期政策长期化、临时政策经常化，执行到期的政策该退则退。

1. 做好应对国际金融危机阶段性就业政策评估

2008 年第四季度以来出台的应对金融危机的就业扶持政策，主要包括"五缓四减三补贴两协商一开口"政策、特别职业培训计划、特定人群就业优惠政策等，2010 年年底之前要对政策实施效果进行总结评估。原则上，对降低失业保险费率、特别职业培训等政策，在总结评估、进一步完善的基础上可作为长期政策考虑。对缓缴社会保险费，降低医疗、工伤、生育保险费率等其他临时性政策，到期后不再继续执行。

2. 对东部 7 省（市）扩大失业保险基金支出范围试点工作进行总结评估

2010 年年底之前完成扩大失业保险基金支出范围试点评估工作，评估中要重点研究失业保险基金与财政资金在促进就业中的职能作用，提出进一步完善失业保险制度的政策建议。2012 年之前，完成《失业保险条例》的修订工作。

（二）夯实"两个基础"

1. 夯实就业决策基础

"就业"的概念是就业政策的核心和基础，必须尽快明确"就业"的内涵和外延，将包括隐性就业、非正规就业、异地就业在内的灵活就业人员纳入就业范畴，为社会各界研究、分析、判断就业形势提供客观、统一的依据。鉴于国有企业下岗职工基本生活保障向失业保险并轨这一阶段性工程已经完成，应当取消每年就业目标中"下岗失业人员再就业"的任务指标，并不再使用"再就业"的概念。在此基础上，借鉴国际劳工组织的 20 项劳动力市场指标体系①，建立并完善我国就业指标统计体系，定期向社会公布。要在完善城镇登记失业率统计的基础上，尽快实施并公布调查失业率，准确反映劳动力供需状况及活动状态。

2. 夯实就业管理基础

一是要进一步明确中央与地方在就业工作方面的事权和财权。推行就业工作属地化管理，并将其纳入地方各级政府工作的绩效考核体系，实行"一把手"负责制。中央政府主要负责国家就业方针、政策和目标的制定，并以转移支付的方式对地方落实国家就业方针、政策和目标所需资金的缺口给予适当补助。省级政府主要任务是根据中央确定的就业方针和政策，制定本省（自治区、直辖市）的配套政策，督促、指导所属市、县落实就业政策，并平衡各市、县的财力状况，从资金上给予支持。上述各级政府间就业工作的事权和财权划分，要通过相关法规进一步明确，避免地方过于依靠中央、下级过于依靠上级，真正形成各级政府分工负责、齐抓共管的局面，促进就业工作的有效开展。与此同时，可进一步探索"以奖代补"等多种形式，调动地方调整支出结构，加大就业资金投入的积极性。二是建立健全就业政策实施效果评估机制。要科学设计评估指标，合理确定评估

① 该体系主要指标包括：劳动力参与率，就业/人口，就业地位，按部门划分的就业，非全日制工人，工作时间，城镇非正规部门就业，失业，青年失业，长期失业，按受教育程度划分的失业，与工作时间相关的不充分就业，非经济活动率，受教育和文盲，制造业工资指数，职业工资和收入指标，小时补偿费用，劳动生产率和劳动成本，就业弹性，贫困，工作穷人与收入分配指标。

方法和评估流程，建立涵盖政策分类、责任主体、资金管理、效益分析等内容的就业绩效评估指标体系，形成统一的就业政策绩效考核指标、考核程序、考核办法和各部门共同参与的联合考核机制，及时跟踪分析各项就业政策的落实情况。

（三）推进"两个转变"

1. 就业观念的转变

进一步引导劳动者积极转变就业观念，鼓励自主择业。一是树立"大就业"观念。要转变狭隘的就业观，树立无论在正规部门还是在非正规部门就业，无论是固定就业还是灵活就业，都是就业的观念；二是树立职业平等观念。坚持正确的舆论导向，让全体劳动者认识到，职业没有高低贵贱之分，都是为社会创造财富，只是社会分工不同，缺少任何一种工作，都会对社会运行产生影响。

2. 教育评估体系的转变

要以落实《国家中长期教育改革和发展规划纲要（2010—2020年）》（以下简称《纲要》）为契机，深化教育体制改革，逐步实现教育制度与就业制度的有效衔接，推进教育改革。将职业教育、高等教育与学生就业率紧密结合起来，以提高大学生就业能力为目的，把考核学生就业率作为检验职业教育、高等教育改革是否成功的重要标志之一，逐步实现教育制度与就业制度的有效衔接，以及教学质量、学生综合素质和就业能力的全面提高。此外，落实《纲要》要求，加大教育投入，提高国家财政性教育经费支出占国内生产总值比例，保证 2012 年达到 4%。

（四）完善"两个体系"

1. 完善有利于发挥合力的就业政策体系

针对当前就业政策和资金政出多门、管理分散等问题，2012年前，应按照公平、效率的原则，进一步清理、完善现行就业扶持政策，整合就业资金。一是统一政策。研究现行就业政策整合问题，统一政策适用范围，体现就业政策平等无歧视原则，逐步消除政策的碎片化。比如税收优惠政策，不宜按对象、部门、行业分别制定相关政策，应按公平就业原则，整合现行就业税收优惠政策，凡在公共就业服务机构登记失业半年以上的下岗失业人员、高校毕业生、农民工、就业困难人员以及零就业家庭、享受城市居民最低生活保障家庭劳动年龄的登记失业人员以及毕业年度内的高校毕业生均可享受公平的税收优惠。通过设置行业限制、加强凭证管理等手段，加大政策管理力度，避免税收征管漏洞。此外，要做好大学生到基层就业政策衔接，统一政策，统一管理，统一待遇标准。二是整合资金。就业资金分散安排、分散使用的状况，反映在下面，根子在上面。因此，首先要从中央层面进行整合。为稳妥起见，可先从最为分散的各项职业培训资金开始整合。在此基础上，进一步完善就业专项资金使用管理办法，提高资金的使用效益。三是调整结构。调整就业专项资金支出结构，加大对职业培训、职业介绍、职业技能鉴定补贴等促进性支出的支持，科学测算促进性支出的资金需求并优先安排到位，使促进性就业支出占就业专项资金比例逐步提高，以提高资金使用的科学性。2012 年就业专项资金中用于促进性就业支出的比重要在现行 20% 的基础上，再提高 15—20 个百分点。科学界定公益性岗位的范围，适当控制公益性岗位开发规模，通过准确把握享受公益性岗位对象条件，严格公益性岗位审批等措施，完善公益性岗位能进能出的动态管理，促进不符合享受公益性岗位补贴政策的人员努力实现自主就业。

2. 完善职能清晰的政府管理体系

政府促进就业方面，要做到既不"缺位"，也不"越位"，更不"错位"。一要统一管理。可考虑按照大部制改革思路，研究调整有关部门的"三定"方案，强化就业的综合管理和协调职能，劳动就业管理部门牵头制定所有人群的劳动就业政策，统一管理，建立起就业政策"一体多翼"的管理体制。"一体"是劳动就业管理部门，"多翼"是教育、农业、民政、扶贫、科技等部门以及工青妇等组织，"一体多翼"是"集中下的分类"，即在统一就业政策的前提下，各部门根据职责分工，认真抓好政策落实，形成多方参与、各有侧重、责权匹配、互为补充的良性管理体制，确保各项就业政策的统筹衔接。二要管办分离。按照管办分离原则解决就业管理体制中存在的突出问题，防止管理机构既当裁判员又当运动员还当教练员的现象，管理机构主要是发挥调控、监管作用，不宜过多、过细地干预经办机构的运行。经办机构应按市场方式公平运作，充分发挥自主能动作用。比如，将政府管理的培训机构全部推向市场，整合各级各类公共就业服务机构，统一市场准入条件，统筹利用社会资源，提升培训和服务质量。三要保障公共就业服务。公共就业服务机构是落实就业政策、直接为劳动者提供服务的重要载体，各级财政要按照就业促进法要求，将公共就业服务机构所需资金足额纳入预算，保证公共就业服务机构正常有效运转。四要加强社区基层就业和社会保障工作。社区基层组织是承担就业工作的最基层单位，工作量大，任务重，加强社区基层组织建设十分重要。为避免形成"养人"机制，可采取政府购买服务成果的方式，支持社区开展就业和社会保障工作。

中期（2013 年至 2020 年）：**主要是启动"一项政策"，实施"两个战略"，完善"三个机制"。**

（一）启动"一项政策"

退休年龄是决定劳动年龄人口的重要因素，直接影响劳动力的供给状况。随着 2016 年我国劳动年龄人口开始减少，应当适时启动延长退休年龄的政策，逐步将男女退休年龄统一延长到 65 岁。

1. 延长退休年龄的可行性

从生理方面看，居民平均寿命应是确定法定退休年龄的重要依据。我国现行的法定退休年龄（男职工年满 60 岁，女干部年满 55 岁，女职工年满 50 岁）是在 20 世纪 50 年代制定的，当时我国平均寿命只有 50 多岁。随着社会经济生活水平的提高和医疗卫生事业的发展，2009 年我国居民平均寿命预期达到 73 岁，这为延长退休年龄提供了生理上的可能。从劳动方式看，20 世纪 50 年代，我国经济发展水平比较低下，人们的劳动方式以体力劳动为主，随着经济的发展和科技水平的提高，体力劳动的比重越来越小，也为延长退休年龄提供了可能。从对就业的影响看，延长退休年龄并不一定对就业产生负面影响。从表面上看，延长退休年龄会对新成长劳动力就业产生"挤出效应"，但实际情况并非如此。一是从 2016 年开始，劳动年龄人口将呈减少趋势，劳动力供求将渐趋平衡，这为延长退休年龄提供了空间；二是目前老年人退休也未能真正释放出就业岗位，由于退休年龄低，老年人"退而不休"的现象相当普遍。根据全国人口普查及抽样调查数据统计，从 2000 年至 2007 年，我国城镇男性就业人员中超过法定退休年龄后仍然留在工作岗位上的人员占城镇男性就业人员的比例由 3.3% 上升到 4.9%，女性就业人员这一比例则由 3.8% 上升到 6.8%。"有人没活干"和"有活没人干"同时并存，失业问题很大一部分是结构性失业，延长退休年龄并不会加剧结构性失业，反而有利于弥补人才短缺。从国外情况看，以欧盟为例，20 世纪 70 年代欧盟失业问题严重，部分成员国实施提前退休政策，比利时最早实施了提前退休政策，到 90 年代末，比利时工人退休年龄降低为 56 岁左右，但失业率仍高达 9% 左右。2000 年欧盟实施里斯本战略，鼓励通过延长法定退休年龄等办法扩大劳动力供给，并增强劳动力市场的灵活性。从 1997 年到 2006 年，欧盟就业率由 60.6% 提高到 64.7%。失业率由 1997 年的 9.3% 降低到 2007 年的 7.2%。实践证明，延长退休年龄与失业率的高低并不存在必然联系。

2. 延长退休年龄的必要性

一是有利于人力资源的充分利用。许多退休人员虽然在体力上不如青年人，但其知识和技能储备可能远胜于青年人，而且生产、管理经验丰富，社会阅历多，是宝贵的人力资源，如果退休年龄过早，会客观上造成人力资源浪费。大庆石油管理局离退休职工中心统计显示，该中心所属近万名具有中高级职称的离退休人员中，具备工作能力而又想继续工作的达76%。从实际情况看，目前有大量退休人员"退而不休"，通过返聘等形式在继续工作。刚刚公布的《首都中长期人才发展规划纲要（2010—2020年)》明确提出，适当延长高层次女性专业技术人才工作年限，给予其与现岗位同等水平的待遇。当然，延长退休年龄应由国家统一做出规定，以免引发攀比效应。二是延长退休年龄是国际社会应对老龄化、促进经济增长的共同趋势。随着人口老龄化进程的加快，养老保险制度的经济负担越来越重，因劳动力减少影响经济增长的问题也日益突出。为了维持养老保险制度的财务可持续性，国际上公认的做法有三种，即降低养老金支付标准、提高养老保险缴费率和延长退休年龄。由于前两种措施直接关系到退休人员的待遇水平和工作期间的负担水平，既无助于解决劳动力短缺问题，而且还会对国民经济发展产生负面影响，甚至影响社会稳定，因此，许多国家都采取延长退休年龄的办法。据统计，在世界47个主要国家中，男性退休年龄在65岁以上的有29个，女性退休年龄在60岁以上的有37个（见表4-18)。我国已经进入老龄化社会，养老保障的负担越来越重，适当延长退休年龄应对老龄化冲击，是必要的。

表 4-18　部分国家延长退休年龄情况表

国家	退休年龄		提高退休年龄的群体、年限和其他资格要求	数据年份/数据来源	国家	退休年龄		提高退休年龄的群体、年限和其他资格要求	数据年份/数据来源
	男	女				男	女		
爱尔兰	65	65		2006/SSA	韩国	60	60	男女,65岁,2033年	2006/SSA
阿根廷	65	60		2006/SSA	拉脱维亚	62	60.5	女性,62岁,2009年	2006/SSA
澳大利亚	65	63	女性,65岁,2013年	2006/SSA	立陶宛	62.5	60		2006/SSA
奥地利	65	60	女性,65岁,2033年	2003/EURO	卢森堡	65	65		2006/SSA
比利时	65	64	女性,65岁,2009年	2006/SSA	马耳他	61	60		2006/SSA
巴西	65	60		2006/SSA	墨西哥	65	65		2006/SSA
保加利亚	63	58.5	女性,60岁,2009年	2006/SSA	荷兰	65	65		2006/SSA
丹麦	67	67		2003/EURO	新西兰	65	65		2006/SSA
加拿大	65	65		2006/SSA	挪威	67	67		2006/SSA
智利	65	60		2006/SSA	秘鲁	60	60		2006/SSA
中国	60	50/55	女工人50岁,女干部55岁		波兰	65	60		2006/SSA
塞浦路斯	65	65		2006/SSA	葡萄牙	65	65		2006/SSA
捷克	61.5	55.7—59.7	男性,63岁,2015年;女性,59—62岁,2028年	2006/SSA	罗马尼亚	63	57.75	男性,65岁,2015年;女性,65岁,2014年	2006/SSA

国家	退休年龄		提高退休年龄的群体、年限和其他资格要求	数据年份/数据来源	国家	退休年龄		提高退休年龄的群体、年限和其他资格要求	数据年份/数据来源
	男	女				男	女		
爱沙尼亚	63	59.5	女性，63岁，2013年	2006/SSA	俄罗斯	60	55		2006/SSA
芬兰	65	65		2006/SSA	斯洛伐克	62	55.25	女性，62岁，2015年	2006/SSA
法国	60	60		2006/SSA	斯洛文尼亚	61.5	55.3	男性，63岁，2009年；女性，61岁，2023年	2006/SSA
德国	65	65		2006/SSA	西班牙	65	65		2006/SSA
希腊	65	65		2003/EURO	瑞典	65	65		2006/SSA
匈牙利	62	60	女性，62岁，2009年	2006/SSA	瑞士	65	64		2006/SSA
冰岛	67	67		2006/SSA	土耳其	60	58		2006/SSA
印度	58	58	老年年金为65岁	2006/SSA	英国	65	60	女性，65岁，2020年	2006/SSA
以色列	66	61	男女，70岁	2006/SSA	美国	65.5	65.5	男女，67岁，2027年	2006/SSA
意大利	65	60		2003/EURO	委内瑞拉	60	55		2006/SSA
日本	65	65		2006/SSA					

数据来源：2006/SSA为美国社会保障署2005年数据；2003/EURO为欧盟充足而持续年金理事会和委员会2003年数据。

3. 延长退休年龄应循序渐进

我国退休年龄的调整一定要统筹考虑近期利益与远期利益、局部利益与全局利益，在具体实施过程中要坚持科学测算，本着适时适度、循序渐进的原则稳妥推进。一种选择是采取小步推进延长退休年龄的办法，如从 2016 年开始退休年龄每 2 年延长一岁，先用 10 年左右的时间将男女退休年龄分别提高 5 岁，达到男职工 65 岁，女职工 55 岁（女干部 60 岁），再继续提高女性退休年龄，实现男女退休年龄的统一。另一种选择是实行弹性退休制度，即对高级知识分子可以根据身体情况适当延长退休年龄；对因病不能坚持工作和特殊有害工种从业人员可以根据法定程序提前退休。实行弹性退休制度要区分体力劳动和脑力劳动、有害工种和无害工种、有劳动能力和丧失劳动能力等不同情况，允许其在政策规定范围内选择退休方式，同时，对经批准自愿延长退休年龄的人员，国家应制定相应的激励政策。

此外，要健全完善应对人口老龄化、发展养老服务业的税收政策。老龄化是我国日益面临的社会问题，养老服务业是具有劳动密集型特点的朝阳产业。要积极采取更加有效的财税措施，积极研究针对性的税收优惠政策，引导和支持社会力量兴建适宜老年人集中居住、生活、学习、娱乐、健身的老年公寓、养老院、敬老院，鼓励社会资本投资兴办以老年人为对象的生活照顾、家政服务、心理咨询、康复服务、紧急救援等业务，为老年人创造良好的养老环境和条件，使养老服务业提供更多劳动密集型就业机会。

（二）实施"两个战略"

1. 实施有利于扩大就业的经济结构调整和发展战略

一是大力推动自主创新和科技进步。优化升级产业结构、转变经济发展方式的关键因素是科学技术的发展和运用，而科技发展与人力资本优化是相辅相成的。要树立科技强国的理念，鼓励自主创新，提升国家整体科技水平。当然，随着资本、技术密集程度的提高，对就业数量必然产生不利影响，因此，应采取积极措施加以应对。公共财政作为政府履行职能的重要工具，在这方面要充分发挥作用。第一，要运用税收政策工具，鼓励企业加快技术改造，促进产业升级和产品更新，带动高素质、高技能人才就业，提高就业的质量。第二，运用各项财政政策工具，支持绿色产业、节能、环保技术等的发展，为经济可持续发展注入活力。通过培育新的产业发展增长点，大力推动绿色就业①。近年来，许多国家采取措施发展绿色产业，促进了经济结构调整，创造了许多绿色就业岗位。我国要紧紧抓住新一轮经济发展方式转变的机会，切实采取灵活有效的税收激励措施，大力推动战略性新兴产业和新能源产业的发展，并由此产生大量新的绿色就业岗位。第三，要加大财政对科技的支持力度。2008 年国际金融危机中，经济刺激计划在全世界范围内实施，未来一段时间内，一些经济体会在新经济和绿色产业革命中脱颖而出，而另一些经济体可能会由于缺乏调整产业结构和进行技术升级的准备而陷入经济停滞和衰退。要防止后一种现象的发生，就必须鼓励科技创新，加大研发力度。为此，要加大财政对科技的投入，重点投向基础科学、前

① 绿色就业是指在农业、制造业、研发、行政工作、服务业等活动中，致力于降低人类面临的环境危害的岗位和职业。这些岗位和职业有助于保护和保存生态系统和生物多样性，减少能源消耗，降低经济碳强度，降低或者完全避免各种形式的废物和污染。

沿技术、重大关键技术等领域，支持科技创新、自主创新，支持开发新产品、占领新领域。同时，大力深化科研经费管理制度改革。只有这样，才能跨越"中等收入陷阱"①，实现经济社会的可持续发展。日韩两国通过"技术立国"、激励科技创新和重视民生、缩小城乡收入差距，顺利跨越"中等收入陷阱"、造就经济奇迹的经验，值得借鉴。

二是大力发展第三产业。第三产业是扩大就业的主要途径。2009 年，我国第三产业从业人员占全部从业人员的比例为34.1%，而发达国家这一比例为 60%—70%，说明我国第三产业吸纳就业空间巨大。因此，要以促进第三产业就业为重点，协调发展三次产业的就业空间，2020 年前，第三产业从业人员占比应在现有基础上提高 20%—30%。在这期间，要注重把发展资金密集型、劳动密集型产业和第三产业结合起来，推动经济结构优化转型，促使更多的经济结构调整、发展方式转变以及事业单位改革中沉淀下来的富余人员通过第三产业实现就业。

三是积极发展非公经济。私营个体等非公经济已成为增加就业的主渠道，与发达国家相比，我国非公经济吸纳就业的空间还很大。要积极发展私营个体等非公有制经济，积极扶持和大力发展小型微型企业和劳动密集型企业。小型微型企业和劳动密集型企业的资本有机构成低，就业弹性大，促进其发展以创造更多的就业岗位。第一，要进一步放开行政垄断行业、基础设施领域、城市公用事业等的市场准入限制，鼓励更多的私营经济参与到这些领域，为非公

① "中等收入陷阱"一般是指从中等收入过渡到高收入比从低收入过渡到中等收入更难。

经济发展及吸纳就业解决好入口问题。第二，要鼓励非公经济上规模，通过财税优惠政策支持私营企业、个体工商户扩大经营规模，实施规模经营，提高就业的吸纳能力。第三，要鼓励并支持非全日制、临时性、季节性、钟点工、弹性工作等各种就业形式发展，尽快提高私营、个体经济和小型微型企业吸纳劳动力占城镇就业增量的比重。第四，要适当减轻小型微型企业的相应税费负担，同时，对于吸纳就业达到一定比例的小型微型企业，可以采取延长税收宽限期、加速折旧等直接或间接优惠措施减轻其负担，从而充分调动其吸纳就业的积极性。

2. 实施有利于优化劳动力供给的人力资源发展战略

随着工业化、城镇化步伐的加快，劳动力供求将发生根本性转变，优化人力资源是这一时期的主要任务。到 2020 年，我国要确立人力资源竞争优势，进入世界人才强国行列，实现《国家中长期人才发展规划纲要（2010—2020 年）》提出的 2020 年人才资源占人力资源① 比重达到 16% 以上的目标。

一要进一步加快教育改革发展。21 世纪，人类面临着全新的经济体系，创新和研发是各国竞争的关键因素，这是第四波经济革命浪潮②，即知识经济时代，其中人力资源是至关重要的因素。从各国实际情况看，低技能、低生产率的经济行业或部门日益丧失

① 人才资源是指具有一定的专业知识和专门技能，进行创造性劳动并对社会做出贡献的人，是人力资源中能力和素质较高的劳动者。人力资源是指一个国家或地区中，处于劳动年龄和超过劳动年龄但具有劳动能力的人口之和。

② 第一波经济浪潮以农业社会为代表，第二波经济浪潮以工业生产和服务业为代表，第三波经济浪潮以信息产业为代表，第四波经济浪潮以知识经济为代表。

竞争力，简单劳动需要的劳动力将日益减少，各国之间的竞争集中体现在人才资源的较量，为打造具有全球竞争力的人才队伍，需要继续深化教育体制改革，探索和完善新的教育模式，推动教育事业科学发展。首先，继续深化高等教育改革。要牢固树立高等教育为社会服务的意识和"以需定产"、"适销对路"的人才培养观念；要深化教学改革，建立更加科学、更适应社会需要的专业设置、师资队伍和人才培养模式，进一步完善学分制，实行弹性学制，加强就业创业教育和就业指导服务；要改革办学模式，扩大高校办学自主权，鼓励建立高校与科研院所、行业、企业联合培养人才的新机制。其次，大力发展职业教育。职业教育兼顾学历教育和职业技能教育，是培养技能型人才的重要途径，也是国民教育体系的重要组成部分。要进一步提高对职业教育重要作用的认识，到 2020 年形成适应经济发展方式转变和产业结构调整要求、中等和高等职业教育协调发展的现代职业教育体系；要推进职业教育教学改革，实行工学结合、校企合作、顶岗实习的人才培养模式，建立健全职业教育质量保障体系，吸收企业参加教育质量评估，这方面可以借鉴新加坡的经验，新加坡工艺教育学院（ITE）逐步将职业教育"从万不得已的选择"变成"以市场和就业为导向、充满吸引力的选择"，开发了"三动"模式，即"动手、动脑、动心"，使其 90% 的培训学员都能在其接受培训的领域找到工作；要完善办学机制，调动行业企业的积极性，推进校企合作制度化，鼓励行业企业举办职业学校，制定优惠政策，鼓励企业接收学生实习实训和教师实践；要落实职业院校经费保障机制，加大对农村和贫困学生的资助力度，支持未能继续升学的初

高中毕业生进入职业学校学习，提升劳动者职业技能水平。最后，加快发展继续教育。继续教育是面向学校教育之后的教育活动，是终身教育体系的重要组成部分。树立继续教育理念，以加强人力资源能力建设为核心，建设全民学习、终身学习的学习型社会；形成灵活多样的继续教育形式，大力发展非学历教育，发展现代远程教育，广泛开展社区教育，支持用人单位为从业人员接受继续教育提供条件；促进各级各类教育纵向衔接、横向沟通，实现不同类型学习成果的互认和衔接，搭建终身学习的"立交桥"。

二要完善职业培训制度。职业培训区别于职业教育的一个显著特征是时间较短，针对性强、见效快，是提高劳动者技能、尽快实现就业的主要方式。因此，要广泛动员社会力量，支持各行各业、各类培训机构以及各类劳动者的职业培训工作，努力使有就业愿望并要求掌握技能的劳动者都能参加培训，掌握一门实用技能。第一，建立劳动者主动参与机制。要进一步加大宣传力度，使职业培训制度深入人心，真正从"要我培训"转变为"我要培训"。第二，完善职业培训补贴机制。要在农民工培训资金实行省级统筹的基础上，逐步实行所有培训资金统筹安排和统一使用，并逐步过渡到中央统筹；要积极探索更加顺畅、规范的补贴方式，提高培训补助水平，减轻劳动者培训负担，提高劳动者参加培训的积极性。第三，鼓励采取多种培训方式。一方面通过政策支持鼓励企业大力开展以师带徒等方式的在岗培训，增强技术工人的实际操作能力。另一方面，通过政府补贴，鼓励劳动者参加院校、社会培训机构组织的专业技能培训，特别是要充分利用现代科技手段，通过网络虚拟教室的方式提供远程培训，以有效运用师资力量提高培训效果。通过"阶梯式培训"使在岗人员完成特定职业或专业技能培训并最终取得职业资格证书。第四，建立职业培训质量保障机制。要坚持以市场需求为导向，紧密结合经济社会发展和企业生产经营，合理设置培训项目和课程，使培训能满足市场需要；坚持以掌握劳动技能为核心，针对不同劳动者的特点，因材施教，使其各有所长；坚持以实现就业为目标，培训一人提高一人，就业一人；建立培训质量效益评估指标体系，科学、客观地对培训质量及资金使用情况进行评估考核。在完善职业培训制度的过程中，要加大对新型农民的培养力度，实施农村实用技术培训工程，对农技人员、农业种养人员、农机作业人员等开展技术培训。

三要加大科普工作力度。进一步贯彻落实《全民科学素质行动计划纲要（2006—2010—2020）》，加大财政支持力度，落实鼓励科普事业发展的财税政策，运用税收激励充分调动全社会开展科普活动的积极性，努力提高全民的科学素质。

四要运用税收优惠政策，引导社会和民间资本流向教育行业，通过增强劳动者的就业和创业能力，达到减少结构性失业的目的。通过财税政策引导各类教育培训机构针对市场需求，积极开展订单培训和定向培训；允许企业提高教育支出比重以及职工培训支出，允许个人所得税前扣除个人及家庭教育支出，提高劳动者素质；税收优惠不仅要向为劳动力提供文化教育、技能培训的学校倾斜，还要向为劳动力提供信息咨询、中介服务的机构倾斜，努力改善劳动力供给市场状况；建立人力资源社会保障、财政、发展改革、工商、税务、银行、企业管理等部门的联系与协调机制，及时了解、分析和解决就业服务对象在税收减免、工商执照领取、小额贷款、行政规费减免、创业项目方面的问题。

(三) 完善"三个机制"

1. 完善有利于劳动力有效配置的市场就业机制

用 10 年左右时间，重点完善市场导向的就业机制，规范劳动力市场服务秩序，完善劳动力市场信息服务平台，充分发挥劳动力市场调节劳动力供求关系的职能作用。

一要消除农村劳动者进城就业的制度性障碍。加大改革力度，消除进城务工农村劳动者在就业、社保、住房、子女教育等社会政策方面与城镇居民的差异，为农村劳动者转移就业提供良好的外部环境。第一，改革户籍制度。要积极稳妥地推进户籍制度改革，逐步取消城乡户籍差别，放宽城乡准入条件，促进城乡居民自由流动，使城乡劳动者在劳动力市场上平等竞争、公平就业。第二，推进教育公平。要打破区域限制，尽快消除义务教育区域政策差别。第三，推进公租房建设和制度改革。不断加大城市公租房建设的力度，为农村劳动力进城提供住房保障。总结一些地区以农民宅基地置换城镇保障性住房的经验，探索多渠道解决农民工住房问题的途径。第四，逐步完善收入分配机制。提高劳动报酬在初次分配中的比重，加强工资宏观管理，进一步完善劳资双方工资集体协商机制，逐步缩小行业、城乡、区域之间收入差距，创造劳动光荣的社会氛围，提高劳动者就业积极性。要进一步完善最低工资制度，合理确定最低工资标准，使最低工与社会平均工资、相关社会保障标准、物价变动等相互衔接，既能合理反映劳动力价格，又避免对就业产生负面影响。第五，完善土地制度。允许农民以转包、出租、转让、股份合作等形式流转土地承包经营权，进一步推动农村劳动力的转移。

二要进一步完善就业服务体系。首先，要规范、整合人力资源服务市场，统一管理标准和规范，建立健全包括市场准入、运作规范、公平竞争、监督有序，涵盖职业介绍、职业指导、职业培训在内的就业服务管理体制，形成服务范围广、服务质量好、能力提升快、就业效果好的就业服务体系。在此基础上，大力支持和规范行业、企业和民办就业服务机构的发展，鼓励其与公共就业服务机构开展平等竞争，为劳动者提供优质、高效的服务。其次，要建立健全全国劳动力市场信息服务网络。要加快实施"金保工程"，推进劳动力市场信息服务网络建设，开发全国统一的信息系统软件，"十二五"期间要实现全国联网，各地区之间、各部门之间、上下级之间都要实现信息共享，随时向社会提供劳动力市场职业供求信息。同时，人力资源信息实行实名制，具体信息要落实到每个劳动力，以便于用人单位了解劳动力的基本情况、就业需求等信息，为劳动力供求双方提供有针对性的服务，促进就业工作的有效开展。

三要加大劳动监察执法力度，建立和谐劳动关系。进一步推进《劳动合同法》实施力度，对于不签订劳动合同的企业，要制定相应的惩罚办法；采取措施督促劳资双方按规定缴纳社会保险费；要求用人单位遵守反歧视、机会公平、社会保障、工作环境等方面的规定，切实保护劳动者的合法权益，提高就业质量。

同时，加强工会组织建设，完善劳资之间的谈判机制和劳动争议处理机制，切实落实最低工资制度。

2. 完善就业与社会保障制度联动机制

建立就业与社会保障的联动机制，坚持以市场为导向的就业政策，将对失业人员的生活补助与其寻找工作的努力程度挂钩，对有劳动能力但不主动就业的失业人员应适当减低生活补助标准，以促使其积极寻找力所能及的工作。这样就可以使就业政策和社会保障制度有效衔接，形成合力，不仅有利于促进就业，也有利于避免"养懒人"的问题。

一要建立相关部门间的沟通协商机制。各级政府都应建立就业和社会保障工作联席会议制度，出台各项就业和社会保障政策前，相关部门要一起论证，充分沟通，做好就业和社会保障政策的有效衔接，避免就业和社会保障政策"背靠背"。

二要进一步完善失业保险和低保制度，形成促进就业的激励约束和利益导向机制。第一，要严格失业保险、低保的申领条件和程序，将申领条件与接受职业介绍、职业培训以及公益性劳动等情况挂钩，对于无故拒绝就业的人员，不得享受失业金和低保金。第二，科学制定失业保险、低保标准，使最低工资、失业保险金和低保金的标准之间呈"下楼型"结构，保持科学、合理的差距，促使失业和有劳动能力的人员积极主动就业。第三，实行保障待遇渐退机制，对失业、低保人员实现就业后，可保留一定期限和一定水平的生活保障待遇，确保其就业后的生活水平相对稳定，从而实现稳定就业。第四，继续实施灵活就业人员的社会保险补贴政策，通过政策吸引鼓励其自谋职业、自主创业。

三要研究开征社会保障税。建立有效的社会保障体系有助于增强我国劳动力的流动性，大幅提高我国的劳动就业量。要通过推进社保税费改革，研究适时开征社会保障税，进一步提高社保资金的筹资效率，为再就业人员提供就业安全网。

3. 完善劳务出口机制

发达国家受人口增长放缓甚至负增长以及人口老龄化的影响，劳动力供给将逐步减少，加上本国劳动力成本的不断攀升，未来对国外的劳务需求会逐步增长。为此，我国应当努力开拓国际劳务市场，积极实施"走出去"战略，鼓励和引导劳动力走出国门，这不仅有利于缓解我国的就业压力，也有利于促进我国劳动力市场与国际劳动力市场的接轨和融合。在这方面，重点是完善劳务出口机制：一要健全劳务出口的法律法规，完善劳务出口制度，规范劳务出口管理。完善鼓励劳务出口的优惠政策，放宽劳务出口限制，简化劳务出口审批手续。二要加大对劳务输出人员的职业技能培训力度，特别是加大对旅游、教育、金融、保险、建筑、电子商务、会计财务等现代服务业所需技能的培训，加强这方面的人才储备。三要依托公共服务机构，建立国际劳务信息平台，为劳务输出提供准确信息。

远期（2021—2040 年）：**实施人力资源强国战略。**

《国家中长期人才发展规划纲要（2010—2020 年）》和《国家中长期教育改革和发展规划纲要（2010—2020 年）》明确指出，到 2020 年，我国要培养和造就规模宏大、结构优化、布局合理、素质优良的人才队伍，确立国家人才竞争比较优势，进入世界人才强国行列。实现这一目标后，还必须进一步实施人才强国和人力资源强国战略，在提高全体国民素质的基础上，大力培养高层次人才，大幅度提高人才占比，进一步巩固和提高我国作为人才强国和人力资源强国的地位。争取在 2040 年前后，使我国劳动年龄人口都能成为综合素质较高的人力资源，都能在不同岗位上展现自己的技能；使我国人才资源占人力资源的比重从 2020 年的 16% 左右提高到 50% 以上。

（一）努力提高国民的综合素质

2020 年前后我国将进入人力资源强国行列，但届时我国人力资源水平只是基本达到发达国家 20 世纪 70 年代末、80 年代初的平均水平，差距依然很大，改善人力资源状况、提高全体国民素质的任务仍然非常艰巨。因此，必须继续深化我国教育体制改革，加大对教育的投入，继续推进惠及全民的公平教育，巩固基本公共教育服务均等化，进一步缩小区域差距。要提供更加丰富的优质教育，构建体系完备的终身教育，促进全体人民学有所教、学有所成、学有所用。力争在 2040 年前后使全体国民都能够接受中等以上的教育，使所有劳动者都成为文化涵养高、就业技能高、综合素质高的优质人力资源，使我国人力资源水平达到或接近发达国家水平。

（二）注重培养引进高端人才

未来国家之间的竞争，实际上是高科技人才的竞争。我国要抢占经济发展的制高点，必须在长期人才战略中突出重点。一是要坚定不移地培养高端人才，努力造就一批世界级的科学家、科技领军人才、工程师和高水平创新团队，注重培养一线创新人才和青年科技人才，建设宏大的创新型科技人才队伍。二是要吸纳引进世界各国优秀人才。引进人才是国家提高竞争力较为快捷、有效的手段，未来世界各国对高新技术领域的人才争夺将越来越激烈。美国预测其今后 10 年需要 100 多万掌握软件技能的人才，但缺口达 2/3。美国近 10 年来开办的科技公司中，25%的创办人来自境外。在硅谷，由外国移民参与创办的公司占全部科技公司的 52.4%。国际经验表明，高效的劳动力市场可以吸纳、培养并留住顶级人才。为此，我国必须致力于改革劳动力市场机制，确保劳动力供需的有效衔接。适度承认在国外获得且得到公认的资格证书，改进聘用外国技能人才的流程，提高其灵活性；设置高额奖学金，吸纳世界最好的研究生和博士后来我国从事研究工作并最终扎根，留住顶级人才；建立专门的人才公司，寻找和吸纳人才，为我国顺利渡过"中等收入陷阱"、成为高收入经济体而储备世界级的人才。

（三）鼓励中低端人力资源进入国际劳务市场

要充分发挥我国人力资源比较优势，鼓励中低端人力资源进入国际劳务市场。一要巩固已有市场，挖掘潜在市场，在巩固和深度开发亚太市场的同时，大力开发非洲、拉美市场，开拓欧美等发达国家的市场。二要建立一批以劳务输出为主业的企业集团，增强竞争实力，有能力在国际市场上承揽上规模、上档次、上水平的国际工程大项目，扩大市场占有率。三要拓宽劳务输出渠道，形成国家组织派遣为主、民间和个人为补充，联手共闯海外的格局。在以政府授权的劳务输出机构为主渠道的基础上，充分发挥民间和个人渠道灵活多样、拾遗补缺的优势，鼓励更多民间机构特别是私营企业主动到国际劳务市场上找生意、接订单，并允许我国公民在一定范围内直接参与对外劳务合作。我国中低端人力资源进军国际劳务市场，有利于消化、引进和掌握国外先进科学技术和先进管理水平，进一步提高劳动者的素质，为国内经济发展和就业状况的改善注入活力。

（四）加强国际人力资源合作

随着经济全球化，劳动力市场也必然会国际化。各个国家在构建合理的劳动关系、完善职业介绍和职业培训等方面都有不少好的经验做法。因此，要通过国际劳工组织、亚太经合组织等机构，加强各国在人才培训、人力资源开发、人才保护等方面的交流和合作，构建统一的职业技能标准和资格认证体系，促进人力资源在国际间流动，促进世界经济持续稳定发展。

责任编辑:郑海燕　吴焰东　陈　登　姜　玮　茅友生
装帧设计:曹　春

图书在版编目(CIP)数据

民与生/王军 著.
-北京:人民出版社,2011.3
ISBN 978－7－01－009694－0

Ⅰ.①民…　Ⅱ.①王…　Ⅲ.①社会保障-中国-文集　Ⅳ.①D632.1－53

中国版本图书馆 CIP 数据核字(2011)第 028591 号

民　与　生

MIN YU SHENG

王　军　著

人民出版社 出版发行
(100706　北京朝阳门内大街 166 号)

北京凌奇印刷有限责任公司印刷　新华书店经销

2011 年 3 月第 1 版　2011 年 3 月北京第 1 次印刷
开本:710 毫米×1000 毫米 1/16　印张:16.75
字数:177 千字　印数:0,001－5000 册

ISBN 978－7－01－009694－0　定价:46.00 元

邮购地址 100706　北京朝阳门内大街 166 号
人民东方图书销售中心　电话 (010)65250042　65289539